如何打造电商“爆品”

[美] 拉塞尔·布伦森（Russell Brunson）◎ 著

王正林 ◎ 译

新世界出版社
NEW WORLD PRESS

北京版权保护中心引进书版权合同登记 01-2016-8436

图书在版编目（CIP）数据

如何打造电商“爆品”/（美）拉塞尔·布伦森著；王正林译．－北京：新世界出版社，2017.4

ISBN 978-7-5104-6155-2

Ⅰ．①如… Ⅱ．①拉… ②王… Ⅲ．①电子商务－网络营销 Ⅳ．① F713.365.2

中国版本图书馆 CIP 数据核字 (2017) 第 017470 号

如何打造电商“爆品”

作　　者：[美] 拉塞尔·布伦森 (Russell Brunson)
译　　者：王正林
策　　划：中资海派
执行策划：黄　河　桂　林
责任编辑：贾瑞娜
特约编辑：张　艳
责任印制：李一鸣　刘　榴
出版发行：新世界出版社
社　　址：北京西城区百万庄大街 24 号（100037）
发 行 部：(010) 6899 5968　(010) 6899 8705（传真）
总 编 室：(010) 6899 5424　(010) 6832 6679（传真）
http：//www.nwp.cn
http：//www.nwp.com.cn
版 权 部：+8610 6899 6306
版权部电子信箱：nwpcd@sina.com
印　　刷：深圳市彩美印刷有限公司
经　　销：新华书店
开　　本：787mm × 1092mm　1/16
字　　数：220 千字　　印　　张：16
版　　次：2017 年 4 月第 1 版　　2017 年 4 月第 1 次印刷
书　　号：ISBN 978-7-5104-6155-2
定　　价：42.00 元

权威推荐

单　仁　中国生产力促进中心协会副理事长、央视财经、凤凰卫视评论员

讲线上营销的书那么多，主题往往只有一个：探究线上营销的秘诀，找出互联网营销的规律。但它们要么夸夸其谈、掏不出干货，要么不够真诚，喜欢说一半藏一半。这本书深得我心的一个重要原因就是，作者非常有洞察力又非常慷慨，将自己实践了十几年的线上营销秘诀倾囊相授，手把手教你赢得客户、打造爆品。

胡兴都　国内知名营销专家，人生赢家商学院创始人

做线上销售时，我们往往被两个难题打败：流量的抢夺和将流量变现的能力。本书前半部分仔细阐述了获取流量的具体方法，后半部分讲如何让进入你网站的人买更多东西、花更多钱，所以，毫无疑问，本书是所有线上营销人员和个体创业者都应该一读再读的线上营销指南。

李锦敏　中国微商营销导师，微商讲师裂变营创始人

实战派互联网营销大师拉塞尔的书通俗易懂、引人入胜，轻松幽默的笔锋把难以理解的工具展示得逻辑严密而不乏趣味，抽丝剥茧的销售漏斗方法跃然于脑海。优秀的导师不是告诉你繁杂的公式，而是化繁为简，直击实操核心，让你看完大呼：原来如此！太棒了！

于　斐　著名品牌营销专家，中国十大杰出营销人

企业要想活得好，首先必须活法好。在一个全营销的心智时代以及正在发生的未来，《如何打造电商爆品》生动阐述了一个实用真理：企业掌握优势不会新生，把握趋势才会重生。本书将告诉读者如何优化生存环境、如何催化势能以及如何迅速把企业资源转化为财富，并提供了将产品卖成爆品的最佳赢利路线图，真正让读者得干货、涨姿势、得真经。

安东尼·罗宾（Anthony Robbins）　世界潜能激励大师

拉塞尔花了 10 年时间，成功创办、发展和壮大了一些线上公司。本书萃取他从 1 000 多份独特的分割测试中获得的洞见，以及成千上万的线上网友的评论精华。更难得的是，他把这些繁杂的资料，整合成了一个简单的流程。这是可以让任何一家公司的线上流量、转化率和销量呈几何级数增长的简单方法。

比尔·格莱泽（Bill Glazer）　美国直复营销传奇人物

拉塞尔不是一位“假装”的专家，而是切切实实创办了一家非常成功的公司。他的方法可以让更多公司通过线上营销取得卓越的成果。

名家推荐

年薪 7 位数的营销奇才是这样炼成的

美国著名营销战略顾问　丹·肯尼迪

没错，确实有那么一个“线上营销奇才联谊会”。参会成员会相约闲逛、共同谋划、一起工作。没错，也确实有那么一些事情，他们宁愿你没有想过，这样的话，他们就可以独自领略其神奇之处。

而本书将首次揭秘由这些人操控的、迅速发展壮大的公司背后，到底在发生些什么。不要误会。事实上，这些奇才中，几乎没有一位心怀恶意，只是他们中的绝大多数都会玩有效的“魔术”罢了。

许多人在引导着商界人士发家致富。但通常来讲，他们所说的、所教的、所承诺的、所宣扬的一切的背后，都存在着一个清晰可辨的缺陷：缺乏坚实的基础。而且，他们是有意这样做的，同时，这种缺乏正日益严重。

他们处心积虑地希望我们相信，线上媒体、市场营销以及商业世界中的一切都是阳光的、新鲜的、持续改变的，可以完全不受旧规则、旧原则、旧事实控制，完全由成功的广告与营销中的数学法则操纵。

拉塞尔·布伦森的这本书则与之不同。这本书不仅仅致力于揭秘线上营销奇才掌握的“魔术”，还着重探讨用线上媒体发展壮大公司时，你必须懂得的核心策略。拉塞尔不仅会教你互联网中最闪亮的秘诀，还会告诉你，怎样将这些方法与策略，扎扎实实地融入到业务中。他掌握的是建立在真正的直复营销基础之上的方法与策略。

而你的责任就是抗拒那些无法持久的、光鲜亮丽的诱惑，承受住那些颇受欢迎却不奏效的策略的诱惑及同行的压力，并抵制那些表面上很有学识、掌握着所谓新方法的倡导者的一派胡言——他们甚至说不清那些新方法的直接反应原理。你必须学会去伪存真。

我喜欢挑战常态，打破规则，但也喜欢坚定的立场，不愿意做随波逐流的浮萍。我喜欢自信的状态，希望对事情游刃有余地掌控，特别是涉及我的钱袋子。我不喜欢经常处在高度焦虑之中，不想受到所谓专家的摆布。

我确信，直复营销是一门科学。我是那种追求可靠性的人。如果有两辆汽车摆在我面前，其中一辆能够正常启动和行驶，而且每次转动钥匙时，都可以预见它能打着火、动起来；另一辆看起来光鲜亮丽、非常拉风，但可能只能加速到 80 码或压根无法启动，那么，我会选择前面那辆。

我喜欢永恒的、不会轻易过时的事物。我长期担任战略咨询师和直接反应广告文案撰稿人，一直在创造广告、营销和销售资产——它们对我们的客户来说具有持久的价值，并不是阅后即焚的快速捞钱机器。这正是我同意为线上营销奇才拉塞尔撰写序言的原因，我喜欢他在书中讲述的真相。拉塞尔和许多奇才不同，他严格遵守着直复营销的戒律。

敬畏戒律是好事。曾在海湾战争中负责组织实施“沙漠风暴”行动的诺曼·施瓦茨科普夫将军曾表示，在战斗最激烈之时，在战争的迷雾之中，在高强度的压力之下，不守戒律的人会丢掉性命。

商场如战场。现在，我会尽可能疏远那些完全没有任何戒律思维的年轻的线上营销人员。他们很有主见、年轻气盛、自信满满，但不明真相。我不想和他们接触，也不想依赖他们。我愿意与拉塞尔一同冒险。

本书为线上营销和电子商务这个非常虚无缥缈的世界提供了坚实的

基础。它正确地将互联网媒体当作媒体来对待，而不是当成业务来处理。它运用了分割测试方法，建立了长期得到证明的销售漏斗和销售结构，采用了一种非常注重戒律的方法。

从某方面看，这是一部具有欺骗性的书。它的书名（*DotCom Secrets: The Underground Playbook for Growing Your Company Online*）就在骗人。它真的并不是一部关于“互联网秘诀”(DotCom Secrets)的书，也不是一部关于“发展你的线上公司”（Growing Your Company Online）的指南。尽管事实上它确实是那样一部书，但那种描述太狭隘、太局限，太有欺骗性。

事实上，这是一部扎实的关于可靠的营销秘诀的书，这些秘诀不仅可以运用到电子商务中，对那些只关注自己在线上看到了什么的人来说，也极具揭秘性。事实上，**这部书为你提供了经过事实证明的、有效的潜在客户开发流程和销售转化方式，既适合线上公司，也适合线下业务。**

但“扎实的”“可靠的”“经过事实证明的”并不是最光鲜亮丽的词语，因此，拉塞尔才没有把它们放在书名中，而是小心翼翼地在正文中向你一一证明。“发展你的线上公司”不如“发展你的公司”有效，但听起来更酷，也更能吊起你的胃口。拉塞尔是个奇才、怪才，因此，必须允许他使用一些“手段”。幸运的是，这些“手段”能够让你我非常清楚地认识现实。下面，让我为你作一番特别有益的解释。

关于阅读本书，我的建议是，不要沉浸在所谓的秘诀之中，或者被所谓的秘诀分心。做一名负责任的成年人，多花些时间去挖掘信息、提升技能和发展专利，以便你能在收获之后继续收获，而不是收获之后便再无结果，或者只得到一些看起来光鲜亮丽但会越来越没价值的创意。同时，不要相信这句鬼话：“这种新媒体可以抗拒地心引力，不受现实、数学或历史的控制。”

不要把这本书当作某种新的、很酷的、快速的、简单的破解版软件，或者好看的玩具，或者能够立即赚到钱的神奇把戏，那种把戏只会让你不停地、疯狂地继续寻找其他把戏。

翻开这本书，深入理解并深刻洞悉互联网上有效营销的结构与原理，可以让你早日适应并掌控网络媒体世界。

在美国，丹·肯尼迪是一位备受信任的战略顾问，培训了数百位年收入高达7位数的专业人士、直复营销专家及CEO。他撰写并出版了20多部作品，包括《不用专业指导的无情的人力资源与利润管理》(*No B.S. Guide to Ruthless Management of People and Profits*)。想详细了解丹·肯尼迪？请登录 www.NoBSBooks.com 和 www.GKIC.com。

作者自序

网站流量是线上营销的核心？
不，你抓错了重点

首先，我想介绍一下我自己及本书的主要内容，更重要的是告诉大家，这本书不涉及哪些内容。

本书分享的并不是获得更多网站流量的方法，但我将要分享的互联网秘诀可以让你的网站流量呈指数级增长。本书要讲的不是如何提高你的销售转化率，不过，和任何理想的标题调整或分割测试（Split Test）相比，这些互联网秘诀能够更大幅度地提高你的流量转化率。

如果你正为网站流量不高而发愁，或者不知道如何将高流量转化成销售，你可能会认为问题出在流量或转化率上。但据我与成千上万家公司的合作经历来看，真相很可能不是这样。网站流量低、转化率低，只是一个更大问题的症状而已。这个问题比较难发现（坏消息），但很容易解决（好消息）。

最近，我找了个机会飞赴圣迭戈，帮助 FitLife.tv 公司的德鲁·卡罗尔（Drew Canole）解决问题。德鲁在 Facebook 上有 120 万“粉丝”，但由于 Facebook 的一些调整，他的页面流量下降了 90%。这导致他每销售一件价值 97 美元的产品，需要花费 116 美元的成本——再无任何利润可言了。

德鲁的团队打电话给我时表示，希望我帮助他们解决两个问题：网站流量和转化率。我忍不住笑了，因为那正是绝大多数人打电话给我的原因。

他们通常以为我会帮他们调整一下文案标题，或者重新定位广告受众。但我知道，和大多数来求助的公司一样，FitLife.tv 公司遇到的并不是网站流量和转化率的问题，很少有公司会遇到这样的问题，更常见的是漏斗（funnel）的问题。

当德鲁和他的团队向我讲述他们的数据、遭受的痛苦和挫折以及公司的辉煌和衰败时，我选择了倾听。然后，我坐回自己的椅子，告诉他们：“你们算是幸运的了。你们遇到的并不是网站流量或者转化率的问题。”

德鲁坐不住了：“你说什么？我们的网站流量下滑了 90%，转化来的新客户和流失的老客户都没办法持平了！”

我平静地回答道：“问题的关键在于你没有花足够的人力、物力和财力来获取客户。解决这个问题，需要先调整你的销售漏斗。”

我的导师丹·肯尼迪（Dan Kennedy）说过：“那些能够花最大的代价获取客户的公司，将最终赢得市场。”德鲁的公司赚不到钱，原因是他没能花足够的代价来获取客户。如果调整了销售漏斗，使他能够每花出 116 美元便赚到 97 美元，那么，和从前相比，他每完成一笔销售，将赚到 2 ~ 3 倍的利润，局面就完全改变了。这样的话，他就可以购买更多的网站流量，可以在出价时高过竞争对手，而且产品价格也可以是现在的 2 ~ 3 倍，于是，利润空间就会更加迅速地膨胀。

我到底是如何改造德鲁的公司的？我怎样将正在亏损的销售漏斗，转变为成功的工具，使 FitLife.tv 公司能出价更高，赢得更多网站流量、更多客户和更高销量呢？这正是本书要讲的主要内容。

本书将带你经历一段类似于我带领德鲁及其团队走过的旅程。它将让你知道如何设计产品和服务，以便从现有的网站流量中多赚 2 ~ 3 倍的利润。这段旅程会让你像开闸放水那样，用更多的钱获取更多的客户。

本书还将向你展示如何与客户沟通，随着你向客户提供越来越多的价值，他们会自然而然地沿着你给他们建好的价值阶梯向上攀登，心甘情愿地花更多钱购买你的产品和服务。

在你弄懂本书的基本概念后，我们将深入观察销售漏斗的各个步骤，并探索你在每个步骤中需要用到的“积木”。

最后，我将向你介绍我在我所有的公司中用到的7种核心销售漏斗，以及在实践那些漏斗的各个步骤时使用的销售台词。你可以复制这些已经得到证明的销售漏斗和台词，也可以稍稍调整，使之更符合你的公司。

掌握了本书的所有秘诀后，你将能够将平面的、二维的公司与网站，改造成一台三维的销售和营销机器，进而花更少的钱，获取几乎无限的新客户，收获（并继续保持）更多的利润，最重要的是，服务更多的人。这正是本书的精华所在。

前　言

快速赚钱是不可能的？我不信

我在 12 岁的时候，便对垃圾邮件上了瘾。时至今日，我仍清楚地记得我开始痴迷垃圾邮件和直复营销（direct response marketing）的那个晚上。当时，我爸爸一边做事情一边看电视，时间已经很晚了。平常，他会早早叫我上床睡觉，但那天，他让我晚点儿睡，好陪他看看电视。我对新闻节目不感兴趣，倒是愿意陪爸爸。

新闻节目结束后，我等着他送我去睡觉，但他没有，于是，我继续看电视。接下来播放的是深夜广告专题片。这期节目是由一个名叫唐·雷普瑞（Don Lapre）的人解释，怎样用小型分类广告赚钱。我不确定他究竟是怎么吸引到我的，也许是我那时太小，不懂得快速赚钱是“不可能的”，也许是他太有魅力，总之，我被深深地吸引了。

在专题片里，唐·雷普瑞讲述了他创办首家公司的故事。他解释了怎样将点子变成产品，然后到当地的报纸发布分类广告，以卖出这件新产品。广告投放出去的第一周，除去成本，唐赚了 30 美元。

尽管大多数人并不觉得那是件很了不起的事情，但唐知道，他可以把那些帮他赚了钱的广告投放到其他报纸上，然后从每家报纸的广告中都赚回

30 美元。最后，唐在数千家报纸投放了广告，一个月内赚了数万美元！当时我并不懂这些，但唐在教我（也在教其他收看了节目的观众）直复营销的基本原理，它们对所有的公司都适用。

嗯，你也许猜到了，那一刻，仅仅 12 岁的我，眼界大开，心跳加速。我记得我当时兴奋得一个晚上都没睡好觉，甚至随后的一整个星期都没睡好。我想购买唐的系统，想开始赚钱。我央求爸爸资助我，但他跟天下所有的好爸爸一样——让我自己去赚。

在接下来的三四个星期，我又是帮人修剪草坪，又是帮邻居除花园里的杂草。我拼了命地赚钱，就为了买下那个系统。

我依然记得自己拨打 1-800 免费电话订购那套系统的情景。当商家寄来的箱子出现在我眼前时，我的心怦怦直跳。我迫不及待地撕开箱子，认真阅读唐对直复营销基本原理的阐述。

对我来说，从那时起，我便踏上了创业的旅程。后来，我开始收集分类广告，并拨打 1-800 免费电话，看看人们会给我寄来什么。我发现，其他公司所做的事情，和唐教的事情一模一样！

接下来我开始关注杂志，查看同类广告。我会打电话请商家给我寄免费的信息包——它们也是用于促销的广告。在三四个星期内，我便开始收到“垃圾邮件”。我把这个词加了个引号，是因为我本人正是通过研究垃圾邮件，赚到了数百万美元——它们并不是垃圾。我收到的邮件越来越多，到最后，邮递员都没办法把它们全塞进信箱了。

我上初中时，每到放学回家，在父母可能仅收到两三封信的同时，我却会收到整整一堆。我把它们全放到我的房间，认真阅读每一封信。当时，我并不知道其中有些推销邮件出自历史上最杰出的直复营销人员之手。我只是观察他们在做什么、怎么做，所有这些，令我陶醉。

我发现，不论他们在销售什么，流程都一样。他们发布小小的广告，呼吁人们联系公司，以获得一份免费报告。但实际上，如果你联系了他们公司，就会收到一封推销信，即某款低价产品的介绍信息——这些信息会伪装成免费报告的样子。而当你购买了那一款低价产品，他们会再给你寄来他们的“系统”，顺带再寄来另一些推销信，向你出售价格更高的产品（图 I.1）。

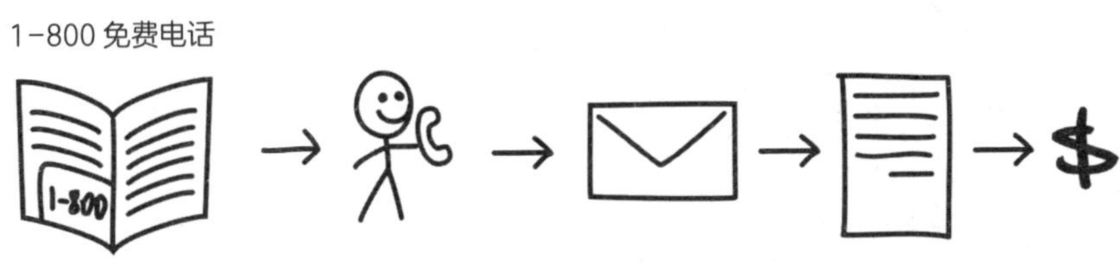

图 I.1 通过一系列可预见的步骤吸引潜在客户的线下销售漏斗

这是我第一次接触销售漏斗。之前，我不知道它，但在线下经常见到，因为它与我用来在线上发展壮大数百家公司的系统完全相同。

现在，尽管销售漏斗通常比我在这里描述的高级得多，但现在，你将了解线下漏斗是什么样子，注意观察它们与我将向你们反复展示的线上漏斗（图 I.2）的相似之处。

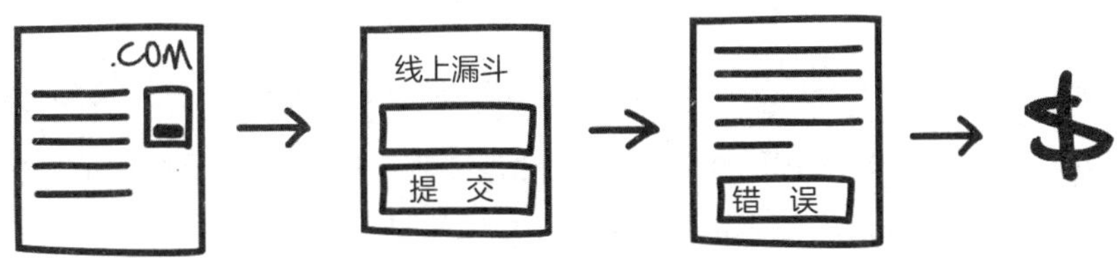

图 I.2 今天的线上销售漏斗

回顾过去，尽管我的大多数同龄人在收集棒球卡中度过了有趣的童年，而我在研究垃圾邮件、学习销售漏斗中，同样获得了极大的乐趣。在我即将念大学时，妈妈让我丢掉车库里的垃圾邮件。于是，我拍下了这张照片（图 I.3），作为我曾受过的最好的营销与销售教育的见证。

图 I.3　跟一般人的青少年时代不一样吧？

遗憾的是，12 岁的时候，我没能通过分类广告的直接邮件卖出过任何东西，因为没有本钱。但我理解了那一概念。直到 10 年之后，作为一名大二学生，我才重新发现了直复营销，并了解了怎样在互联网上运用这种方法。

冰山 90% 的部分在水下，营销也如此

大学二年级的最后一个晚上，我躺在床上休息。我太累了，根本不想起身去关电视，于是在床上用遥控器换频道，突然，一个广告专题片吸引了我。片子解释了人们怎样利用网站赚钱。我知道，我得更深入地了解，于是拨打了片中的电话，并得到了当地一场活动的门票。

第二天晚上，我在当地的一个假日酒店参加了一场研讨会。那场小型的研讨会，重新激起了我对经商和直复营销的兴趣。我记得，演讲者描述的人们利用互联网赚钱的方式，几乎跟我在孩提时代了解到的方式一模一样。但线上赚钱并不写信，而是使用电子邮件；不利用杂志，而是使用博客；不利用广播，而是使用播客（图 I.4）。这太有趣了，从那一天开始，我便深深地被直复营销吸引了。

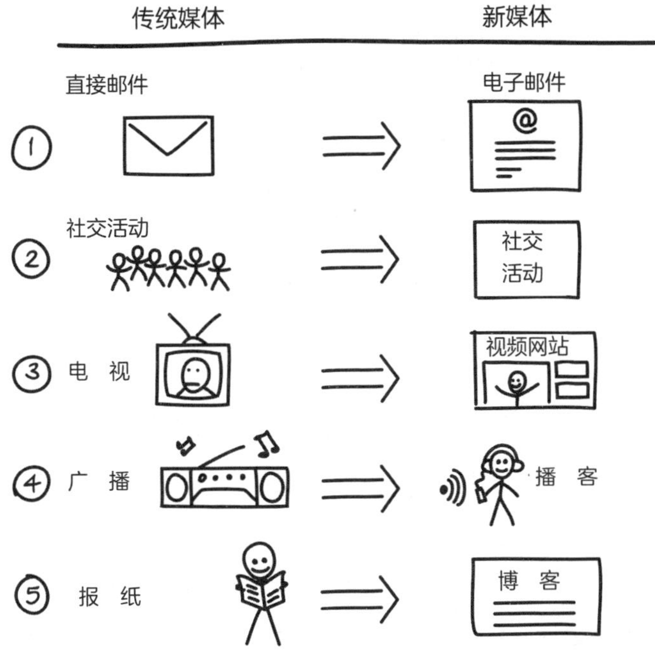

图 I.4 博客、播客、线上视频，只是传统线下媒体渠道的新版本

我开始关注别人的网站，研究这些公司怎么赚钱。我决定依葫芦画瓢，并仿照别人制造了产品和服务。我的网站看起来和别人的差不多，页面内容也大体相同，我的这些努力，说起来还算是赚到了钱，但并没有让我赚太多。我备感失败，因为我明明亲眼见证了别人赚大钱。我究竟做错了什么？

于是，我花了整整两年的时间学习、研究和采访成功的营销人员，终于意识到，我看到的线上业务，并不是完整的业务。赚到钱的人，是通过肉眼无法看到的步骤和流程来赚钱的。

尽管我模仿了我能看到的他们的部分业务，但还有许多个漏斗，隐藏在那些神奇业绩背后。我发现，营收达 1 万美元的网站与营收达 1 000 万美元的公司之间，存在明显差别（图 I.5）。那些差别在于客户进入销售漏斗之后所发生的一切。

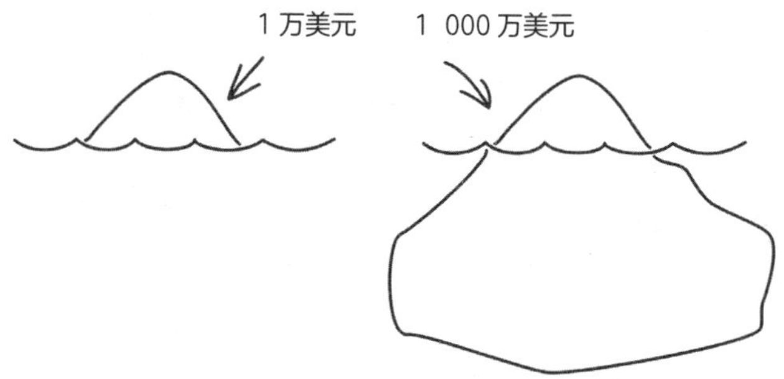

图 I.5　我模仿了表面发生的事情，没有掌握真正赚取利润的方式

我花了数年时间探索和掌握这些秘诀。等真正掌握它们后，我公司的营收从最初的每月几百美元，迅速发展为每年数百万美元。

我之所以写这本书，并不是因为我比其他人聪明，而是因为我觉得，许多人和曾经的我一样，只是在表面上模仿别人，所以在没有获得与别人差不多的结果时，会备感失败。

本书积累了我 10 年的心血。这 10 年间，我分析了数百家公司以及它们的销售漏斗。我自己也构建了 100 多个销售漏斗，并在你想象得到的任何市场中，与成千上万名学生及客户合作。这些市场，既有线上市场，也有线下市场。

我希望，你在读完本书后会意识到，在追求成功的路上，你离目标越来越近了。你很快会发现，通过为受众提供大量价值、开展有效的沟通，并从战略层面构建你的销售流程，可以使你的产品、服务或信息走向世界。而且，你可以从中获得回报，证明这些事情值得一做。

我要教授的秘诀，我都亲自执行过

你买下了本书，便是对我莫大的信任，认为我可以担任你的教练。我知道你很忙，我完全理解并充分尊重。我需要首先明确的是，我不会浪费你的时间。相比把时间花在你的公司和其他培训课程上，你决定和我共度宝贵时光，我感到十分荣幸。这本书的差异点体现在三个方面。

第一，我在本书中向你介绍的一切，都是常青的。如果你曾努力学习如何发展壮大公司的线上业务，你可能买过一些书籍、课程，它们介绍的系统，在系统刚创建之时的确管用，但还没等书籍和课程公之于众，那些系统就过时了。当谷歌改变某个算法，或者 Facebook 引入新的页面设计时，你学到的许多方法，便在一夜之间失效。

本书是构建销售漏斗的指南，而销售漏斗的构建将迅速扩大你的线上销量。这是一部常青的指南。即使过了 10 年，它依然有效。在本书中，我重点关注的是那些保持不变的策略与概念，即使技术进步了，它们也不会变。

第二，我并不是只教授这些内容，我真正动手执行过。如今，教别人互联网营销的人很多，他们中的绝大多数人，首先从线上学习互联网营销策略，然后把自己学到的东西教给别人，靠培训来赚钱。丹·肯尼迪称那些人为“卖铲者”，因为在社会上泛起淘金热时，最赚钱的是那些卖铲子的人。今天的卖铲者在向你兜售互联网营销策略时，自己却从来没有真正使用过那些策略中的任何一种。

我和大多数竞争者之间的区别在于，我真正在做这些。没错。我使用过我即将向你们揭示的所有秘诀。我在许多不同的市场中使用过它们，从营养补充市场、培训市场到软件市场。我还直接帮助数百家公司解决问题，为它们提建议，增强它们的盈利能力。这些公司遍布几乎每一个利基市场，以及你可以想到的每一个行业。

七八年前，我非常幸运地与直复营销领域的传奇人物丹·肯尼迪和比尔·格莱泽合作。他们和遍布全世界的企业家建立了合作，而我在近六年时间里，一直担任他们主要的互联网营销培训师。同时，我还能够为数百家线下公司解决问题，教他们怎样将一些概念落实——那些概念，我接下来将会和你们一一分享。

我还有机会在安东尼·罗宾的“业务精通”研讨会上教授这些互联网秘诀。从我的经验中，我可以告诉你，这些策略适合你能想到的任何行业中的线上和线下公司。在整本书中，我将分享不同类型公司的例子，让你们看一看，每一条策略是怎样在各个不同市场中奏效的。

本书分为5部分。第1、2、3部分将向你们介绍一些核心概念。你在构建自己的第一个销售漏斗之前，必须理解它们。在你理解了成功的线上销售背后的秘诀之后，我将教你如何构建自己的销售漏斗。

第4部分描述了我们公司日常使用的许多不同的销售漏斗，以及一些销售台词。在将客户转移到销售漏斗中、购买你的产品和服务时，你需要用到这些台词。

第5部分将介绍一些更容易的方法，以执行书中包含的所有技巧。我注意到，许多人经常犯技术上的错误。因此，我希望你能避开那些艰难的东西，以便更容易地上手。

知道了销售漏斗的运行原理后，执行它们就很简单了，只要挑选一个你想使用的，并将它设置好，就可以使用了。在你读完前面这些章节之前，请不要跳到本书的后面直接阅读那些描述销售漏斗和台词的部分，否则，便会错过使那些漏斗和台词发挥作用的核心策略。我希望，本书的所有内容，能被你彻底吸收。

第三，通过图片回忆。本书中，你将看到许多简单的小图片。起初，它们对你来说没什么意义，但等你读完了那一章或那一部分时，你就会懂了。我向你保证。这些图片之所以画得如此简单，是因为我希望你一看到图片，便能回想起相关的概念。

图片就是为了即时回忆而设计的。等到将来某一天，如果你需要重新回忆应该怎样撰写一封追加销售的邮件，或者如何构建一个两步走的沟通漏斗，便可以看一下那些图片，我相信你会马上回想起该怎么做。

当你需要那些图片来回忆时，只要你愿意，可以随手翻开本书，找到那些图片。你也可以访问网站 www.DotComSecretsBook.com/resources/diagrams，下载并打印这些图片。我喜欢把所有关于销售漏斗和台词的图片全都记在笔记本上，以便随时查找。我的一些学生甚至还把某些图片挂在办公室里，作为记忆辅助工具。

我建议你从头至尾认真阅读本书。那样的话，你将发现整座冰山，而不只是冰山一角，而且，你还得按顺序理解其中的概念。待你看完整本书，可以回过头去，着重阅读那些对你有着重大意义的章节。

如果你能潜心阅读，并从中找到乐趣，那对我来说，一切就都值得了。让我们开始吧！

CONTENTS 目 录

第1部分
价值阶梯：打开知名度，广泛网罗客户

第 3 部分
销售漏斗 : 培养忠诚度，让客户围着你转

第 4 部分
销售漏斗及台词：与其滔滔不绝，不如言简意赅

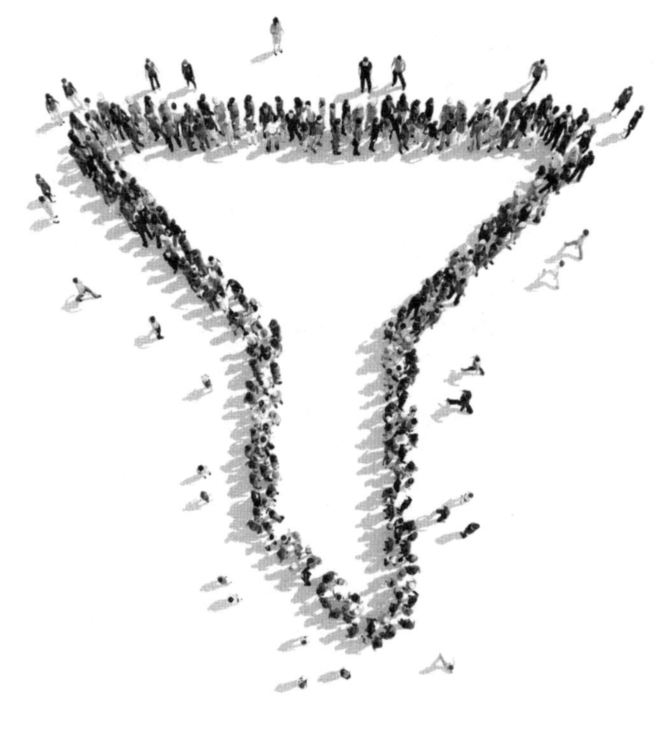

第1部分

价值阶梯：打开知名度，广泛网罗客户

因为可以免费洗牙，拉塞尔人生第一次去看了牙医。1 小时后，当他走出牙医办公室时，钱包里少了 2 000 美元。精明的牙医是怎么说服不打算花 1 分钱的拉塞尔掏出 2 000 美元，并愿意加入牙医的长期护理计划的？

秘诀 1

秘密配方：
线上营销的 4 个本质问题

那是一个周一的上午，已经 11：27 了，但不论我对自己说什么，我就是不想起床。我浑身上下都在喊疼，但那并不是赖床的理由。我并非因为锻炼过度而感到疼痛，因为我并没有练得太猛。胃里一阵阵地翻滚，让我恶心不止，那感觉像是流感发作，但我明白，我没有生病。

我幻想着有那么一位老板，他见我不肯起床上班，愤怒地炒了我鱿鱼，好帮我结束这场噩梦。但我知道，我最终还是会踉踉跄跄地起床，硬着头皮面对这场噩梦。

究竟是怎么回事？早在几年前，我正式创办公司，尽管过程中我犯了许多错误，但也学到了一些窍门，而且初尝胜果。公司利润不错。我们为他人服务，取得了一定的成绩，但出于某种原因，我的生活苦不堪言。

几个星期后，我站在一块巨大的白板面前，试图深挖令我陷入这种苦闷生活的原因。我的公司出了一些问题，我想找出问题出在哪儿。似乎过了好几个钟头，我才艰难地写下两个词：

谁？

结果？

我问自己："你真心想和谁合作？"在此之前，我一直在我的企业中尽最大努力向所有人推销。尽管那乍听起来确实很明智，但最后留给我的，只有厌倦感、失败感和内心的空虚。

在对最好与谁合作（假如我有选择的话）的问题上打定主意后，我开始考虑我想给他们带来的结果。我问自己："你将在哪里为客户提供最高级的服务？"我知道，这种最高级的服务并不是以产品或服务的形式。相反，它是带去一种结果，那种结果将改变他们的生活，因此是最高级的服务。那个结果，就是我想带他们抵达的目的地。

过了几分钟，我在白板上又写下两个词：

哪里？

诱饵？

这些人在哪里？我如何在线上找到他们？哪种类型的诱饵可以吸引梦幻客户，击败竞争对手？这些问题最终变成秘密配方的骨架，是在你发展壮大任何一家公司之前，必须迈出的第一步。

秘密配方包含 4 个问题。这 4 个问题，我问过聘请我担任个人顾问的其他人。我写作本书时，有公司每天付 2.5 万美元让我帮他们理解和解释这一配方，以真正明白本书的内容和信息。现在，尽管你没有付给我这么多钱，但我建议你，仍然以同样的态度认真对待这些信息，经历这个流程，完成本书中所有的练习。如此一来，你可以从我即将带你一步步经历的流程中学到许多东西，并最终让本书变成你私人的、花 2.5 万美元请来的顾问。好了，让我们开始吧。

秘密配方

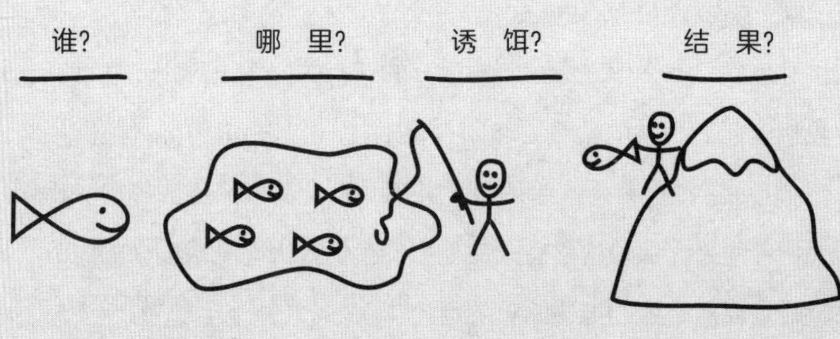

几个星期后，我站在一块巨大的白板面前，试图深挖令我陷入这种苦闷生活的原因。我的公司出了一些问题，我想找出问题出在哪儿。似乎过了好几个钟头，我才艰难地写下两个词……

问题 1　谁是你的梦幻客户？

你必须问自己的第一个问题是：我真正想和谁合作？创业时，我们总会从一个产品理念开始，却从来没有想过，我们“希望”自己的客户、供货商和同事是谁。但这些人，我们每天都要和他们交往。我们和这些人相处的时光，可能比和朋友、家人相处的时间还要长。你会谨慎选择人生中其他重要的人，对不对？既然如此，为什么不花同样多的时间，同样小心翼翼地确定谁是你的梦幻客户或顾客呢？

如果你刚开始创业，选择梦幻客户看起来也许并不重要。但我向你保证，倘若你不有意识地选择你的梦幻客户，终有一天，等你醒悟过来的时候，你会发现，和你合作的那些人，会让你筋疲力尽、备感焦虑，而且你会像我一样，寄希望于有人能把你从自己创办的公司中扫地出门、开除出去。

在我成功创办第一家软件公司后，许多人开始关注我的线上业务，并开始问我是怎么赚到钱的。我发现了这方面的需求，因此觉得，教别人怎样创办他们的线上公司，会很有趣。

好消息是，很多人想要创办公司，而我教他们这么做的时候，也赚了不少钱。但坏消息是，大多数人并没有赚到钱，而且，没办法投资于我希望销售的高阶产品和服务。大部分人没有商业经验，因此，我必须花大量时间向他们传授基本知识，那着实让我抓狂（那也是我早晨不想起床的原因）。

我想向人们提供更多的价值，告诉大家我怎样发展壮大我的公司，教大家转换客户的秘诀以及怎样构建销售漏斗，但却不得不把 99% 的时间用来教他们如何购买域名和设置主机。

这么多年来，严格地说，我确确实实在为这些客户做这些服务，但这让我的生活一团糟。我的家人也感到痛苦——不论我们赚了多少钱，我都不开心。过了几年，我才开始认真思考“谁”这个问题。我意识到，自己忽略了某些极为重要的问题。

- 谁是我理想的客户？
- 他们看起来是什么样子？
- 他们对什么有热情？
- 他们的目标、梦想和渴望是什么？

大约有一个星期，我一直在想着“谁”的问题，后来，我冷静下来，制作了两个客户头像：一个用来代表我想与之合作的男性，另一个代表我想与之合作的女性。

对于女性客户，我给她们挑了一个名字：朱莉。然后，我列举了我知道的朱莉的一些特点。她事业有成，斗志昂扬；她有自己的东西和别人分享；她更看重个人发展，不太在乎收入；她已经发展壮大了自己的公司，公司每年的营收在五位数以上。

接着，我写下了男性客户的名字：迈克。接着，我列举了迈克的一些特点：他当过运动员，一度帮助别人改变了生活，而且想了解怎样更好地帮助别人。迈克和朱莉一样，更重视个人发展，看轻金钱，而且已经创办了自己的公司，公司每年的营收也在五位数以上。

于是，我登录谷歌图片搜索，输入朱莉这个名字以及我写下的那些性格特点。几分钟后，我找到了一张和我脑海中的女性形象很符合的图片。我把它打印出来，挂在办公室的墙上。对迈克这个名字也一样，没过几分钟，我的梦幻客户的两张照片，全都挂在墙上了。

这看起来像是愚蠢的练习，但重要的是你得去做。要真正花时间想清楚你想和谁合作。写下他们的性格特点，找一张真实的照片来代表他们。当你手里有一张自己梦幻客户的真实照片，而不是你脑海中模糊的、尚未成型的影像时，你的视角会发生令人惊讶的变化。

问题 2　你可以在哪里找到梦幻客户？

秘密配方中的第二个问题是，你可以在哪里找到这位理想的男士或女士？他们经常浏览哪些网站？是 Facebook 还是 Instagram？他们隶属哪个群组？他们订阅了哪些电子邮件新闻简报？他们看什么博客？他们喜欢读《纽约时报》，还是《赫芬顿邮报》？他们还有什么兴趣爱好？他们喜欢体育还是艺术？对钓鱼或赛车的印象如何？如果你不知道他们是谁，就很难发现你可以在哪里找到他们。

一定要准确地知道你想吸引什么人，然后，把你认为潜在客户可能会访问的网站写下来。后文中，我们将深入剖析怎样以及在哪里找到你的梦幻客户。我会告诉你，究竟要到什么地方去找寻他们。

问题 3　你用什么诱饵吸引梦幻客户？

一旦知道梦幻客户在哪里，就必须制作适当的诱饵吸引他们。你的诱饵可能是一本书、一张 CD 或一段录音，只要是你的梦幻客户关注和想要的东西，不管是什么都行。当我的公司不再向新手推销，而是着力吸引梦幻客户时，我们做的第一项工作，是制作能够吸引迈克或朱莉的新诱饵。

因此，我写了一本书，叫作《互联网秘诀实验室：108 项被证明的分割测试工具》(*DotComSecrets Labs: 108 Proven Split Test Winners*)。诱饵很管用，因为大多数新手并不知道分割测试。但我们知道，朱莉和迈克会知道这个术语的意思，而且会迫不及待地翻开那本书。

在我们推出这本书几天后，数千名梦幻客户排着队来找我们。当你发现了你的梦幻客户想要什么，就很容易吸引他们。在本书中，我将更多地探讨如何制作适当的诱饵。现在，只要意识到，诱饵必须与梦幻客户想要的东西一致，就可以了。

问题 4 你希望给他们什么结果？

一旦你用完美的诱饵吸引住梦幻客户，最后一个问题就是，你希望给他们什么结果？我并不是说你想卖给他们的产品或服务。公司并不是关于产品或服务的，公司是关于你可以帮助客户获得怎样的结果的。一旦你（以及他们）理解了这一点，价格便不再是障碍了。

对我来讲，可以为梦幻客户服务的最佳方式，是把我的团队派到他们办公室，帮助他们构建销售漏斗、招聘并培训销售团队、安装系统，以便将潜在客户源源不断地吸引到他们公司。

所有这些将给梦幻客户带来最深刻的影响，且属于最高等级的服务。这种服务不便宜，但结果惊人。为了正确看待最高等级的服务及其结果，我们公司会收取预付服务费，并按销售百分比抽成，加起来差不多有 100 万美元。

我知道，我的许多客户无法购买最高等级的服务，这也是我们开发其他产品和服务的原因，但是，理解你最终想把你的梦幻客户带到什么地方去，是这个步骤的关键。

假设你的客户为了获得期望的结果，可以不计成本地向你购买产品和服务，那么，你能做些什么来保证他们得到期望的结果呢？你会从什么地方开始引领他们呢？那个地方看起来是怎样的呢？把那个地方牢牢记在心里。对你的客户来说，那是成功的巅峰。你的目的正是引领客户抵达成功之巅，而那也是这最后一个步骤的关键。

就是这样，再把这 4 个问题复习一遍：

- 你的梦幻客户是谁？
- 你可以在哪里找到他们？

- 你将使用什么诱饵来吸引他们?
- 你希望给他们什么结果?

这项练习看起来很简单，但这是我们在本书中探讨的其他所有内容的基础。因此，现在花几分钟时间，认真地回答上述 4 个问题。

秘诀 2

价值阶梯：
连环营销，让客户买到停不下来

“拉塞尔，你抽烟吗？”

我回答道：“您说什么？不，我从不抽烟……为什么您这么问？”

“呃，我注意到，你的牙齿稍稍有点发黄，而我不确定这是不是因为你抽烟的缘故。或者，也许你喝咖啡，是吗？”

“不，我也不喝咖啡的……我的牙齿看起来是黄色的？！”

上面的对话内容，来自我和我的新牙医，在我们第一次见面的头 10 分钟内进行的对话。

几年前，我刚刚创办新公司时，妻子和我都没有购买任何保险。我们只是拼命地赚钱，在线上销售产品和服务，努力维持生计。

接下来，公司成立了大约四五年之后，我开始招聘员工。我在招聘他们的时候，并没有意识到大多数“真正的”公司为员工提供的福利。由于我从来没干过一份真正的工作，确实不清楚那些福利是什么（除了每天和我在一块——我以为那是员工最好的福利！）。

后来我才知道，原来员工想要健康保险和牙科保险。我决定听他们的，给每人一个福利包。拿到牙科保险没几天，我便收到一张明信片，原来，牙科医生愿意为我们免费做一次洗牙。

“太好了！我们拿到了保险，可以免费洗一次牙。我这就去洗！”

于是，便有了刚才的那些对话。

没过几分钟，牙医便开始评论我那发黄的牙齿了。

我继续争辩道：“不，我不喝咖啡，也不抽烟。牙齿真的黄了吗？”

“是的，没错。但别担心。如果你想的话，我出去一下，马上就回来，给你带一些美白牙齿的定制产品来。你得连续使用几个星期，但如果你按我说的做，你的牙齿会再度变白。”

呵，我猜你们一定知道我是怎么回答的了。

“好的，麻烦您！我可不想要发黄的牙齿。”

牙医一直在忙活着，帮我洗牙，过了一会儿，他又问道：“你小时候戴过牙箍吗？”

我回答：“是的，我戴过。您怎么看出来的？”

“嗯，你的两颗下牙又移位了，而且，那种情况通常发生在小时候戴过牙箍的人身上。”

“我的牙齿移位了？真的吗？那该怎么办？”

“这样，如果你想的话，我可以为你做一个护圈，帮助固定你的牙齿。”

“好的，那就麻烦您了！”

那天上午，我之所以去看牙科医生，是想做一次免费洗牙。不到 1 小时，我从那里走了出来，花了两千美元，买了美白套装和新的护圈。牙医精明地引领我经历了一个难以抗拒的流程，我称之为价值阶梯（Value Ladder）。

首先，牙医制作了一份诱饵（免费洗牙），以吸引他的梦幻客户（我）。然后，通过为我洗牙，他注意到我的牙齿变黄了，为我提供了价值。由于我已经获得了价值，自然想要继续前进，获得他为我提供的更多价值。随后，他又想出另一个办法为我提供价值，即安装护圈，我同样又很自然地接受了他为我提供的产品和服务（图 2.1）。

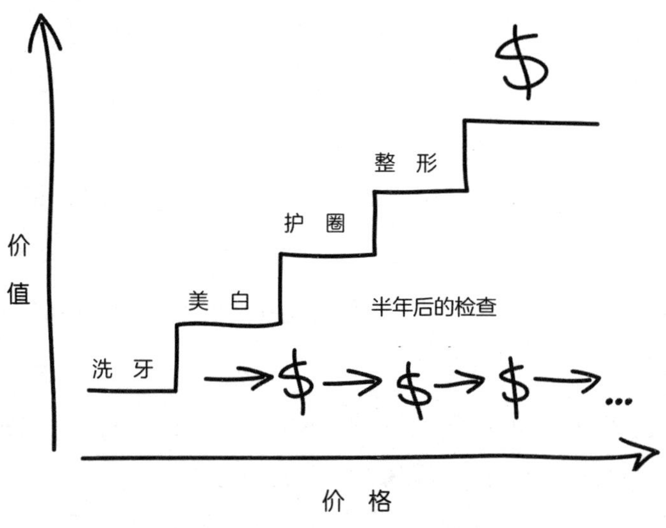

图 2.1 牙医的价值阶梯

现在，对大多数牙医来讲，他们主要通过为病人做整形手术赚更多钱，也为客户提供更大价值。幸运的是，我那次去洗牙，不需要做任何整形手术，否则的话，我可能得花上 10 万美元，甚至更多。

在我出门时，前台接待员为我预定了半年后的约诊，并把我的名字添加到他们的“续诊”计划中。续诊，你懂的，就是你在以后的每个星期、每个月或者每年，都去他们那里再付一次钱，购买他们的产品或服务，直到你决定取消时为止。这位牙医完美地执行了价值阶梯。

如何用一本免费书，换一单 100 万的生意？

开始和客户合作时，我首先向他们解释的便是价值阶梯，它也是你在开始构建任何销售漏斗之前，必须要先搭建的。下面来讲述一下我是怎样搭建它的。左边的纵轴代表价值，底部的横轴代表价格。

现在，来看看图 2.2 的右上角，那里有一个大大的 $ 符号。这就是你希望把客户带到的地方，是你为他们提供最大价值的地方，同时，也是向他们收取最多费用的地方。

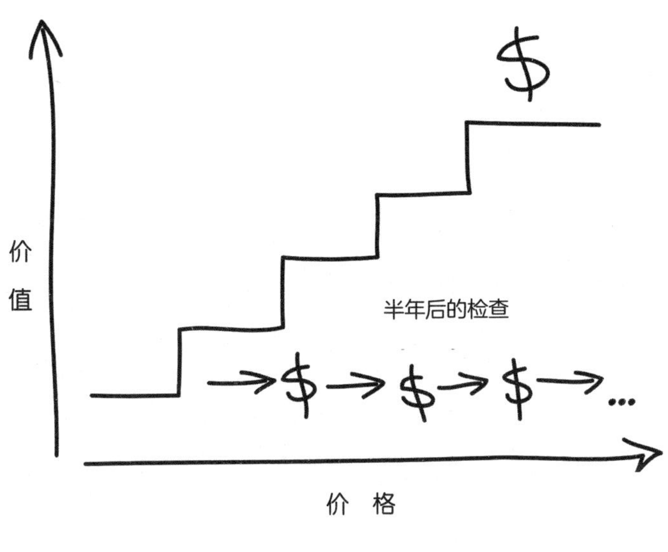

图 2.2　价值阶梯

对牙医来讲，这通常意味着整形手术。对我的公司来讲，这通常是我们的员工进入你的公司，帮你构建销售漏斗、安装后端系统，并且为你吸引潜在客户。我们为客户提供这些服务，并收取 10 万美元预付服务费，再加上他们利润的 10%（100 万美元封顶）。因此，对我的客户来讲，这些服务的总成本是 100 万美元，这也是我能为他们提供的最好的服务。

如今，在理想情况下，我们会向所有人出售我们最好的产品或服务，对不对？你想尽可能地使客户高兴，为客户提供最优质的服务。但可悲的事实是，如果我在大街上碰到你，对你说："给我 100 万美元，我将助你发展壮大你的公司。"你要么会当面嘲笑我一番，要么赶快跑开，认为我精神错乱。

为什么会那样？因为我们俩刚刚认识，而且迄今为止，我还没有为你带来过任何价值。

但如果你访问过我的网站，看到我正在免费赠送一本书，里面介绍了108种我的最优秀的分割测试，而你只需付9.95美元的邮费，你觉得你会买下这本书吗？

如果你是我的梦幻客户，你会买下，因为书很便宜，而且你有机会在没有损失的情况下收获某些价值，看一看自己是否真喜欢那种体验。就好比我在牙医那里的经历一样。

现在，如果你从我手里买下了那本书，并从中获得了一定价值，你自然想要更多，想获得更大价值。你会很想沿着我的价值阶梯继续攀登（图2.3）。

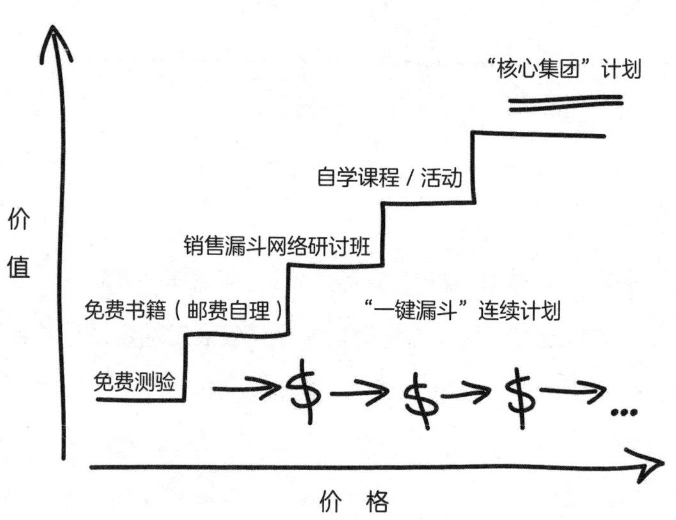

图2.3　互联网秘诀价值阶梯，包括各种等级的产品和服务，以及正在进行中的连续计划

你可能接着买下我的一套自学课程，或者参加一场直播活动。如果你从中获得了价值，也许会决定购买1万美元的“激发计划”，或者是价格为2.5

万美元的“核心集团”计划。如果这些又为你带来了可观的价值，你自然还想继续沿着价值阶梯往上攀登，而那就是我们价值百万美元的服务包了。

在价值阶梯的每一步台阶上，我们都提供了让人疯狂的价值，以至于客户自然而然地想向更高的台阶攀登、获得更大价值，并向我们支付更高费用。哦，我还忘了，正如牙医那样，如果没有好的继续计划，价值阶梯便不完整。你可以采用很多方法来设计你的继续计划。可以围绕软件、会员网站或者持续指导等来设计，但是，你应当每月都可以向客户收费。那种剩余收益，将变成你公司的生命线。

对我的互联网秘诀公司来说，主要的连续计划是软件的“一键漏斗”（ClickFunnels）功能：只需点击鼠标，便能创建销售漏斗。该软件可以帮助客户经营公司，而他们只用按月付费就行。软件帮他们节约了大量时间和金钱，而他们则向我们提供剩余收益。这是双赢。

从头回客到回头客，再到忠实客户

我假设，本书的每一位读者，都开着一家不同类型的公司。此刻，你可能想搞懂，你的公司怎样使用价值阶梯。我想跟你讲一个故事，它将告诉我们，即使公司看起来并没有那种逐步升级的产品或服务，也能够搭建出价值阶梯。

我的朋友查德·伍尔纳（Chad Woolner）是一位脊柱推拿治疗师，我们相识多年。事实上，我之所以写这本书，正是缘于他的鼓励。查德和许多脊柱推拿治疗师一样，靠给患者矫正脊柱为生，每次大约收费 50 美元。

查德发布广告，患者看到广告后，前来接受治疗。查德会在大约 10 分钟内帮患者矫正完毕，收取患者 50 美元，然后患者离开。有时候，如果患者的情况比较严重，查德会将其列入续诊计划，在接下来的几个月里，让患者每周都来观察和矫正几次。大致如此。

一天，查德问我，如果我是他的话，会怎样经营这家诊所。我接连几天都在思考这个问题，后来，发生了一件有趣的事情。那个时候，我正和一组摔跤运动员合作，他们正为即将举办的奥运会苦练。脊柱推拿治疗师每周都会来一次，帮助所有的摔跤运动员矫正脊柱。有一个星期，治疗师没来。但运动员们并没有再等上一个星期，而是让其中一位运动员登录 YouTube，输入“如何矫正脊柱”进行搜索。这位运动员观看、学习了几段视频，直到自己看起来像是矫正脊柱的老手为止。然后，他来到另一个房间，为团队中的其他人矫正了脊柱。

在我继续讲下去之前，我感到有必要发表一则免责声明，或者说警告，或者是类似警告的声明。你可别误会我的意思。我讲这个故事，不是说你应当去 YouTube 上看视频、学医术！

这个故事是想告诉你，即使是根本没有受过任何正规训练的人，也能在大概半小时内，学会我们原来需要花钱才能做到的事情，在这个例子中，就是矫正脊柱。看到那位运动员如此“神奇”，我笑了起来，马上打电话给查德，跟他讲了这个故事。

查德自然不像我这样觉得这个故事好笑，他开始咆哮着给我讲道理，说这样做会很危险，以及我们为什么不应该这样做。然后，我打断他说：“不，我才没有你想的那么混蛋呢！我想教你一些真正强大的东西。你在当上脊柱推拿治疗师之前，在大学里苦学专业知识好几年对不对？然而，在 30 分钟内，一位摔跤运动员就能学会你为患者所做的一切。”

查德无言以对。

我接着说：“我感到好奇的是，在学校专门学习这门技能时，难道你除了矫正脊柱之外，再没学过其他东西吗？”

他开始有点戒备地告诉我，他在学校里还学过哪些东西，并且知道怎么做。“我还学了好几年的营养学以及自然痊愈方法。我可以帮助人们止住纤维组织肌痛、腕管综合征，还有……”

我再次打断他。“你难道从来没有为客户提供过任何这类服务吗？或者，在收取了 50 美元，为患者作了脊柱矫正之外，你再没有为他们提供其他价值了吗？”

现在，我想暂时打住，因为我合作过的大多数公司，即使他们认为他们搭建了自己的价值阶梯，却也只拥有这个阶梯中的一部分而已。我几乎总是得花许多时间和他们一起，站在他们搭建的所谓的“价值阶梯”面前，为他们添加其他的产品和服务。

在那次讨论之后，我和查德一起，绘出了他当前的价值阶梯（图 2.4）。

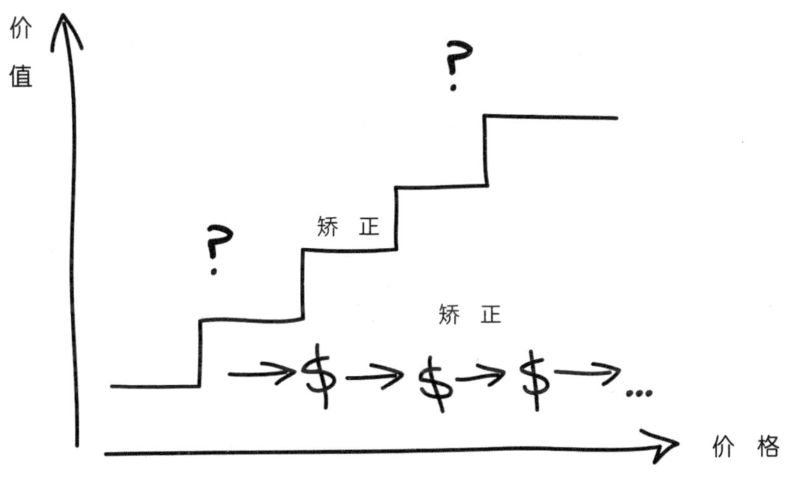

图 2.4　我帮查德充实了其他服务，于是他拥有了完整的价值阶梯

接下来，我们思考了查德为客户提供更大价值的其他方法。我们搞清楚了他到底想把客户引领到什么地方去。最后，查德制订了新的健康计划。如果为患者提供了该计划中的所有服务，查德每次可以收取患者 5 000 美元。而参与计划的患者，每次来诊所都可以获得比从前多 10 倍以上的价值。那就是他的价值阶梯的后端，即最高点。

在我们建立了价值阶梯的后端后，依然得找到一种有吸引力的前端服务，把人们吸引到诊所来。脊柱矫正并不诱人。它不像人们喜欢的那种按摩，而且也不像那种紧急的治疗。也就是说，它并不是那种当你觉得自己疼得要命时，需要医生马上给你治疗的服务。人们通常要等到脊柱已经很疼了，才会想起去矫正、去调整。脊柱矫正，没办法让人们兴奋起来。如果你的前端产品很空洞，业务就会很难做起来。

我们再次仔细思考查德的业务，最终决定将按摩作为价值阶梯的前端服务。人们喜欢按摩，这是查德可以用来吸引人们的诱饵。

如今，查德聘请了两位全职的按摩治疗师，负责在前台为客人做免费按摩。正如我的牙医向我销售美白洁齿套装和护圈那样，这两位按摩治疗师受过专门的训练，能感觉到客户的脊柱或者肋骨什么时候移了位，哪里可能需要进行矫正。然后，他们逐步将客户的服务升级，先是升级到脊柱矫正，再升级到一整套的健康计划中的各种服务（图 2.5）。

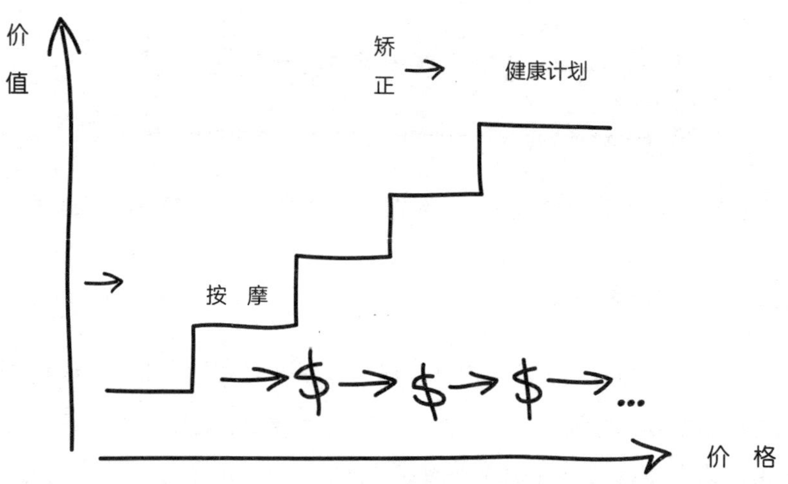

图 2.5　查德完整地勾勒出价值阶梯后，业务完全摆脱了困境

你可以用一本书作为价值阶梯的前端，但有可能完全不知道怎样构建后端的价值阶梯。你可以为人们提供什么样的别的价值？你可以让他们更多地亲身体验吗？你可以给予他们更多的个人关注吗？你可以为他们提供辅助服务或者实际的产品，以补充你的主要产品和服务吗？

我的第一件产品是一张 DVD 碟，教大家怎么制作土豆枪。（我举这个例子也是想向你表明，你可以在线上出售任何东西！）但我还向客户出售“自己动手”计划和已经做好的土豆枪，为他们构建了价值阶梯。

信不信由你！人有多大胆，地有多高产

价值阶梯是构建销售漏斗的关键，也是掌握本书里其他所有知识的关键。如果你只拥有一样东西，比如，一本书或者一次脊柱矫正，那么，这个系统将无法运转。你得搭建完整的价值阶梯。我观察过，大多数公司只有价值阶梯的一两部分，很少拥有全部的 4 个部分。只要把以前遗漏的部分加上去，公司便开始迅猛发展。后端的服务与体验的等级，你可以无穷无尽地添加，并不存在上限。如果你为客户提供的价值越来越多，他们在你这里花得钱也就越来越多，以便一直让你为他们服务。

我还记得花 2 500 美元加入比尔·格莱泽和丹·肯尼迪的“钛策划计划”（加入这个组织需要支付 2 500 美元）的情形。那时，我的价格最高的后端产品价值 5 000 美元。于是，一位“钛策划计划”的成员问我：“拉塞尔，对那些给你支付 5 000 美元的人，你下一步打算向他们出售点什么？”我告诉他，我没有其他的产品或服务可以提供了，而他回答说：“拉塞尔，那可是出得起 5 000 美元的客户啊，你一定得再卖给他们一些东西！”

有意思的是，那天晚上，“钛策划计划”的成员获得了丹·肯尼迪给的一个机会：和他一同参演电影《不一样的本能》（*Phenomenon*）。这个机会标价 3 000 美元。而在 18 位成员中，居然有 9 人购买了！正是那一刻，我

意识到，价值阶梯确实没有终点。这也是我推出百万美元计划的原因之一。

想象一下，当我第一次听到客户坚决地说“成交”时，有多么的震惊和兴奋！在你的受众中，总有一些人愿意花更多钱，从你这里获得更多价值。

唯一限制你为客户提供价值的，是你的想象。不断地思考和推出更高等级的服务，你便可以不停地向客户收取更高的费用。你总是能够为他们提供点别的什么。

许多公司经常想不出怎样为价值阶梯增加更多产品和服务。一般来讲，这对于销售信息产品的人们来说，是件相当容易的事情。因为在数千家不同的基于信息产品的公司中，存在现成的并被证明了的不断升级的发展路线。但如果你在销售别的东西呢？如果你卖的是实物产品、电子商务服务、B2B服务或者专业服务，升级的路线并非如此清晰，那该怎么办？有时候，这需要一些思考和创造力。

如果在你的价值阶梯中端，你已经出售了一种产品或服务，那么，你可以制造什么样的诱饵继续吸引你的梦幻客户？我有位朋友开办了一家公司，专为人们定制西装。有一次，公司陷入了困境。原来，他在销售一种高端服务时，不知道怎么构建可靠的价值阶梯（也许是因为，他那时的前端服务是2 000美元）。过了一段时间，我的朋友尝试在线上赠送免费袖扣。刚刚发布广告没几天，他就收获了数百位合格的潜在客户。于是，他把那些人引领到一个升级计划中，为公司吸引了更多购买定制西装的客户。

一般情况下，公司都拥有前端产品，但在后端，却没有别的产品或服务继续提供给客户。对于这种现象，我喜欢观察他们可以将哪些东西捆绑销售。能不能提供一个教练计划？观看一场实时活动怎么样？还可以向客户提供哪些结果或价值？

我前面告诉过你，FitLife.tv公司的核心问题，既不是网站流量问题，也不是转化率问题。真正的问题是他们没有搭建价值阶梯。因此，没有办法构建真正的销售漏斗。他们确实将客户带入销售漏斗了，但接下来，与客户的关系就结束了。客户想花钱购买他们的产品或服务，但他们却没有引领客户前进的清晰的道路。只要他们将那些东西添加到业务中，客户自然会沿着价值阶梯往上攀登，直到他们向德鲁购买产品和服务、支付相应的费用。

你能为公司添加怎样的前端或后端产品与服务，并不总是显而易见的，但我向你承诺，一定会有解决的办法。我还知道，如果你想成功，想战胜你的竞争对手，就得准备好价值阶梯。

秘诀 3

销售漏斗：
让客户对你信任有加、言听计从

秘密配方将帮助你思考你想为谁服务，怎样找到他们，应当使用什么诱饵吸引他们，以及打算带给他们什么结果。而价值阶梯将帮助你思考你需要增添什么产品与服务，使你的梦幻客户从你设置的诱饵转向你的高端服务。

现在，是时候填补价值阶梯与销售漏斗之间的空白了。在本书的第 3 部分和第 4 部分，我们将非常详细地向你介绍在构建销售漏斗时所需的策略、客户心理和方法。但首先，我需要你理解销售漏斗是什么，以及它与我们已经探讨的一切有什么关联。本部分内容虽然简短，但对你的成功至关重要。

理想情况下，我只要一开始和梦幻客户交流，便能让他们购买我最好的、最昂贵的服务。但正如上一章探讨的那样，由于到目前为止，我还没有向他们提供过价值，因此这几乎不可能。此外，我的最高等级的服务，也不一定适合所有人。我需要一个完整系列的产品和服务。因此，我们构建销售漏斗，并不是企图说服客户立即购买最昂贵的产品和服务，而是为了完成以下两件事：

在每一位客户可以承受的范围内，针对其独特的服务等级，为其提供价值。

在识别那些买得起我们最高等级产品与服务的梦幻客户的同时，赢得利润。

最好的办法是把销售漏斗画出来（图 3.1）。潜在客户（网站流量）进入漏斗时，你的职责是向他们销售漏斗中的前端、中端和后端的产品和服务，尽可能将他们转换为回头客。

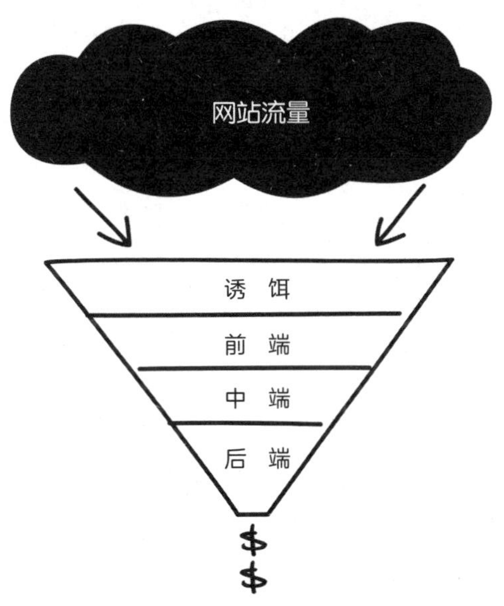

图 3.1　销售漏斗引领着人们经历销售流程

在漏斗的上方，是一片云，它代表着我所有的潜在客户。漏斗的顶部是诱饵，它将吸引我的梦幻客户。请注意，这一诱饵也是价值阶梯的第一个台阶。随着我开始投放广告、抛出诱饵，潜在客户将举起双手响应，他们中的有些人，还将购买我的前端产品和服务。

价值阶梯 vs 销售漏斗

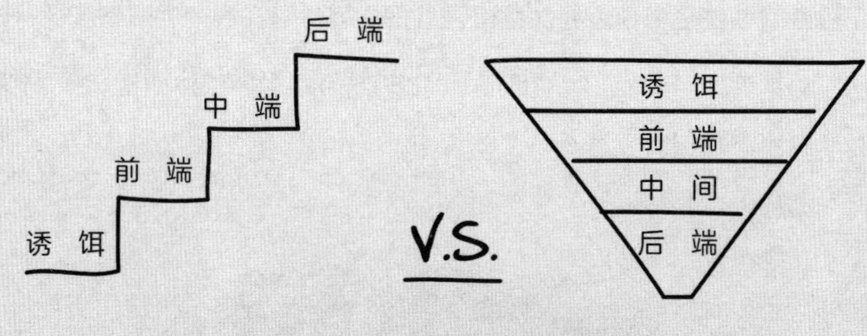

我们构建销售漏斗，并不是企图说服客户立马购买最昂贵的产品和服务，而是为了完成这两件事……

接下来，我转入漏斗的下一个阶段。在这里，我将引入价值阶梯中的下一件产品或下一项服务。当然，它能带给客户更大的价值，同时让客户付出更高成本。不幸的是，并不是每一个购买了我的诱饵的人，都会购买这种更加昂贵、价值更高的产品和服务，但是，总有一定数量的客户会购买。

接着，我继续向漏斗的深处移动，并引入价值阶梯中的另一件产品或另一项服务。同样地，并不是所有人都会购买它，但在最初咬下诱饵的客户之中，会有一定数量的人购买。我会在价值阶梯所有台阶上继续这样做。到了漏斗的底部，也总有几个人似乎买得起（而且可能愿意买）我的高端服务。他们就是我的梦幻客户，也是我希望能够更密切地与之合作的对象。

现在，我希望你首先理解，我的方法并不总是如此详尽，然后，我再向你“兜售”你为什么需要从漏斗的角度考虑公司的发展。当我在 10 多年前，第一次涉足线上业务时，很少遭遇太激烈的竞争。我可以只销售一种前端产品，而且，在广告中每投入 1 美元，便能赚得 2 美元。

但是，随着越来越多的人开始从事线上业务，竞争日趋激烈，广告成本水涨船高，客户对购买的抗拒也日渐强烈，线上出售产品或服务，变得更难。我认识的那些曾经赚过数百万美元的人，如今也退出了这些业务，因为没办法适应时代的变化。

足够幸运的是，当我感受到这种困境时，我遇到了一些非常出色的导师，他们告诉我，要用更多的产品和服务来构建更深的漏斗，这很重要。你的漏斗越深，能为客户提供的产品和服务也就越多，每位客户给你带来的价值也越大。客户对你的价值越大，为了俘获他们，你花在他们身上的时间也越多。请牢记丹·肯尼迪指出的这一事实：**“到最后，能够花最大的代价获取客户的公司，将成为市场赢家。”**

在线上销售的每一件产品，我都为其构建了一个销售漏斗，并带领客户经历这个漏斗。事实上，客户购买了某件产品或服务之后，在他们离开页面之前，我马上便会给他们提供一件或两件升级产品或服务。这是销售漏斗的类型之一。当他们从我这里购买了某样东西之后，我还会使用其他类型的沟通漏斗与他们建立关系，鼓励他们购买其他产品与服务。你将在本书的第 2 部分中学习这种特定的沟通漏斗。

我们出售的每一件产品，都有其销售漏斗，以便为客户提供价值，并且将客户转换成高端客户。你会在本书的第 4 部分看到所有这 7 种漏斗。

你挑选了本书，并且现在正捧着书读，这证明上面阐述的概念奏效了。我知道，在买下本书的所有读者之中，有一定数量的人会升级购买我的线上课程。我还知道，从那里开始，又有一定数量的人会升级购买我的“激发计划”或者“核心集团”计划。少数一些觉得我的方法非常适合他们的人，会加盟我的百万美元计划，而我会出现在他们的办公室，为他们安装好整个系统。

秘诀 4

梦幻客户：最大特征是什么？聚集在哪里？

有了秘密配方后，你必须想清楚谁是你的梦幻客户，然后搞清楚他们在哪里。通常情况下，我的客户可以十分迅速地想出他们想把产品和服务卖给什么人，但想不出那些梦幻客户在哪里，以及怎样让梦幻客户访问他们的网站。

把人们吸引到你的网站的过程也叫“吸引网站流量”。因此，当我在本书中谈到网站流量时，我是指你正在（通过广告）努力说服访问你的网站的人们。很多人问我怎样为网站吸引更多网站流量，在解决这个问题之前，你需要先理解“聚集”是怎么回事。

互联网最酷的就是聚集的力量。那些看起来并不重要的人群，原本位于互联网的小小一隅，聚集起来后，使得像你我这样的人能够迅速发展壮大业务，迈向成功，且无须越过传统媒体的障碍，也无须付出巨大代价。

当我说到聚集这个词时，你在脑海中想到的第一件事是什么？对大多数西方人来讲，聚集这个词使他们想起教堂。教堂确实正是一群人聚集起来的地方，这群人有着相似的信念、价值观和观点。例如，每个星期，教徒都会因为他们相似的信念和价值观聚集起来，无论他们属于哪个教派。

因此，如果我打算向摩门教徒销售一样产品，得上哪儿去销售？当然是到摩门教堂。我的梦幻客户也许正在那里聚集呢。我只要把我的营销信息准备好，摆在他们面前，一切就都妥妥的了。

我并不是要教你们怎样向教堂里的信徒卖产品和服务，而是希望你们理解聚集的力量，因为它是互联网成为令人惊叹的商业工具的主要原因之一。在互联网问世之前，全世界的人们难以聚集到一起，因为受到地域和通信能力的限制。但现在，每个人都有可能找到自己的同伴，可以和那些与我们秉持类似信念的人们探索几乎任何事情。

我还在读高中时，每天中午的时候，总有五六个孩子会聚在一起吃午饭、玩纸牌。我记得其中的一种玩法叫“神奇：聚集”。我从来没听说过这种玩法，并觉得那些玩牌的孩子怪里怪气。但他们满足于聚在一起，开心地玩他们喜欢的游戏。我确定，在全国各地的高中里，总有一些孩子在做同样的事情，只是他们相互不认识而已。

在互联网问世之前，因为地理位置的限制，我们无法跟其他人靠近。作为营销人员，我发现很难将某所高中的 5 个孩子、另一所高中的 3 个孩子、其他高中的 6 个孩子聚在一起，因为成本太高。

有了互联网，某所学校的五六个孩子，甚至可以与世界另一端的孩子聚在一起，在网上玩那个名叫“神奇：聚集”的纸牌游戏。他们可以创建论坛，和全世界的人们玩游戏。

如果我有一款产品要卖给喜欢玩“神奇：聚集”游戏的人，就可以通过线上方式销售，既容易又经济。我可以轻松地找出那些人在哪里，并把我的营销信息摆到他们面前。

还有另外一个例子。大学时期，我是一名摔跤选手。每天晚上，所有的学生运动员都必须在自习室待两个小时，确保做完家庭作业。很自然地，我会紧挨着喜欢摔跤的同伴坐，而且，我们会先上网消磨时间。

我记得有一天，我在好奇同伴在干什么时，发现所有的朋友都在和我上同一个网站。那个网站的名字是 TheMat.com，是专门交流摔跤信息的网站。我们在网站上聊天，交流当月摔跤圈有什么新闻发生，谁赢了比赛等。我们还观看了一些很酷的动作，并探讨怎样完善那些动作。每天晚上，我所在大学摔跤队中的每个人，都会在自习室里待两个小时，然后在 TheMat.com 网站上聊一聊跟摔跤有关的事情，把家庭作业忘到九霄云外。

有意思的是，在全国各地的每一所大学，可能也正在发生类似的事情。而所有的高中摔跤选手，以及对这项体育运动感兴趣的年长些的人们，都有可能找到这个网站。如果把这些人汇集起来，你会发现，这相当于把世界上所有的摔跤选手都聚集了起来。

现在，假如我开发了一款与摔跤有关的产品，我会怎么销售它？我会找到当前正聚集摔跤迷的网站，然后把营销信息发布在它们的电脑屏幕上。就这么简单！

只要是你能想到的任何行业的人们，都有可能聚集，从古董买家到拉链收集者。一旦你理解了聚集的核心概念，吸引网站流量就会变得不可思议地容易。你不确定你要寻找的梦幻客户在哪里聚集？只要上谷歌一搜索，输入你的关键词，再加上“论坛”两个字，或者在 Facebook 上搜索和你的关键词相关的群，一切都搞定了！有时候，你可能需要稍稍深入一些，但你一定会找到梦幻客户。为了找到并真正利用那些聚集起来的社群，你得问自己三个问题。

精准探测：不要给猫主人看狗粮广告

针对“谁是我的梦幻客户”这个问题，人们往往会直接描绘梦幻客户的人口统计学特征，比如，“我的梦幻客户是年龄在 36 ~ 45 岁的女性，年收入约 5 万美元”。长时间以来，类似这种直接的人口统计学特征在很大程度上是将你的梦幻客户和其他人区分开来的唯一方式。

传统媒体就是通过其节目编排,迎合具有特定人口统计学特征的观众群,并在此过程中出售广告机会的。于是，如果你想寻找手头宽裕的男性知识分子，也许可以在晚间的新闻节目或者《纽约时报》上投放广告。如果你是面向家庭主妇，也许可以在白天的肥皂剧播放期间投放广告。不幸的是，直接的人口统计学特征，并没有为你提供关于客户个人的丰富信息。

以前，你最多只能笼统地将人们进行分组，比如，根据年龄、性别、收入情况、地理位置等。如今，互联网改变了这一切，只要有可用的数据，不论你想要多么详尽的信息，都可以获得。你可以根据人们对音乐的爱好、医学的背景以及鞋子的尺码等细分人群。如果你喜欢，甚至可以根据人们上个月看了哪些电影，昨天访问了什么网站来对人们进行细分。

如今的营销人员能够如此准确地获取客户众多不同的特征，人们开始对笼统的、大众传播的信息失去耐心。人们期待并要求广告极端地与他们相关。例如，假设你在坦帕市经营着一家宠物食品商店，梦幻客户主要是喜欢小狗的女性，那么，如果我是一位男性顾客，喜欢养小猫，你可能就需要为我制作一条独特的营销信息。实际上，这两类客户是否从你的商店购买宠物食品并不重要，他们只希望并期待你的广告信息能够直接面向他们，否则，他们就可能选择忽略你。

如今，客户每时每刻都被太多信息轰炸。作为现代人类，我们会下意识地屏蔽那些与我们不直接相关的信息。也就是说，如果你投放的宠物食品广告以一条小狗作为主角，可能根本不会引起小猫主人的兴趣，即使你也卖猫粮。

为了制作定向的广告信息，你得非常细致地掌握你的目标市场。成功的公司深入了解客户的想法，并努力探索每位客户切实关心什么。他们面临哪些痛苦？对哪些事情热情百倍？有什么渴望？在想些什么？在网上搜寻些什么？当你发现那些微小的细节，便能更有针对性地搜索，并在不太明显的地方找到需要你产品和服务的客户。

例如，在我销售“怎样赚钱”课程时，常常回想自己 12 岁那年，看到专题广告之后买东西回家的情形。我的渴望是什么？是什么让我如此兴奋？我从哪里寻找到更详细的产品信息？我搜索了哪些词语和短语？我看了什么杂志？我试着回想自己当时的心态。

如果想推出一款跟摔跤有关的产品，我会努力回想自己练摔跤时的情景。这个市场中有些什么人？他们在搜寻什么？他们想要解决哪些问题？我建议你深入挖掘自己的经历，以便尽可能详尽地掌握你正在销售的产品和服务。

在回答“谁是你的梦幻客户？”时，你要超越典型的人口统计学特征，更加详实、更加具体地作答。然后，在你非常准确地掌握了目标市场的情况时，你才能转向下一个问题。

深度挖掘：梦幻客户关注了哪些大 V？

要记住，你的梦幻客户是真正的人，你需要关注他们真实的行为。他们会在哪些网站闲逛？在什么地方消磨时光？订阅什么电子邮件新闻简报？喜欢看哪类博客？加入了哪些 Facebook 群组？更喜欢 Facebook 还是 Instagram？在谷歌上搜索他们时，要用什么关键词？他们在亚马逊网站上购买什么书籍？回答这些问题，可能要花些时间，进行一番研究，但由于你需要清楚掌握你的梦幻客户在哪里，以便吸引他们的关注，所以，花些时间是值得的。

只要回答了上述问题，在互联网上寻找网站流量，就变得很容易。作为营销人员，我们总是试图将这一过程复杂化，会运用所有技术将网站流量引导到特定的网页上去，但只有你对消费者有了充分了解，那些技术才会奏效。

我喜欢把互联网想象成一座巨大的山峰，而你的梦幻客户，也就是你的网站流量，是埋藏在山峰之中的金块。作为营销人员，你的职责是找到金块，并把它挖出来。刚开始挖的时候，你需要四处搜寻、拨开杂草、东戳西探，以找到金块可能藏身的地方。你知道，在这座山峰的某个地方，一定埋藏着金块，但不确定它们在哪儿。因此，你环顾四周，试一试这片区域，又探一探那片区域，突然之间，你可能就挖到一些金块。

一般来讲，金块会在整座山峰的矿脉中聚集（好比人的聚集）。因此，当你找到了一点点金子，便能往更深的地方挖掘，并找到更多金块。很快你就会发现，那条矿脉直抵山峰深处。如果你不停地顺着矿脉找下去，便可以找到所有金块。你在勘探阶段多花些时间，把工作做得更全面是值得的。这样，你才能准确地找到目标市场在哪里，想要从这个市场中挖出金块，只要把相关的营销信息摆在客户面前，引领他们找到你的产品和服务，一切就搞定了。

仔细搜索，并问问自己这些至关重要的问题：谁是我的梦幻客户？他们在哪里聚集？搜索一段时间以后，你可能就会找到一封他们订阅的电子邮件新闻简报。那就是金矿的矿脉。你可以开挖了！你也可能找到了他们经常阅读的博客，或者他们喜欢的 Facebook 群组。

营销人员的职责是找到客户聚集的地方，并打入内部。你可以聘请其他人帮助，也可以安装相关系统，但首先，你必须理解梦幻客户，搞清楚他们在哪里聚集。然后，你要准备回答第三个问题。

眼球大战：出位奇葩 PK 平庸路人甲

第三个问题是：怎样让客户离开他们聚集的地方，登录你的页面？在我参加完 TheMat.com 网站上关于摔跤的辩论后，会接着浏览一些别的东西。在那一刻，你必须搞清楚，对一位摔跤迷来说，什么样的产品和服务足够特别，可以诱使他离开自己最喜欢的网站，转到你的网站上去。你要怎样将潜在客户的注意力从他们正在做的事情上移开？我称这个过程为“询问者中断”（Enquirer Interrupt）。

你知道吗？《国家询问报》（*The National Enquirer*）是世界上读者最多

的报纸之一。发行者把报纸放在地球上最繁忙的地方之一——收银台附近。顾客只有短短一两秒的时间决定买报还是不买报，因此，报纸的标题往往只有两三个单词，使得几乎所有人只要一看到它们，都会停下来看个究竟。这份报纸在中断你的大脑模式、引起你的注意方面，确实是无可争辩的大师。

在线上，你的工作几乎是一样的。当某个人正在清理电子邮箱、登录Facebook、查找电话号码的时候，你要努力吸引他的注意。你必须吸引住他足够长的时间，以便他点击你的广告并访问你的网站（图 4.1）。

图 4.1　如果你想要人们点击你的广告，那么，你的广告必须能够抓住人们的注意力

在你开始思考应当投放哪类广告时，例如，广告应当说什么、应当使用哪种类型的图片等，我建议你登录谷歌图片，搜索一下“国家询问报标题”（national enquirer headlines）。你会看到几百个例子，你可以模仿它们。

如果你仔细观察，便会发现，这份报纸总是使用奇怪的或者不同寻常的图片来吸引人们的眼球。然后，它运用简单而具有视觉冲击力的标题（通常把事情描述得奇特、不同寻常或者令人震惊），使你产生足够的好奇心，以便随手买一份。不论你当时正在想什么，这些图片和标题都可以打断你的思考，让你注意到那份报纸。

在广告中，我们也要使用这些“询问者中断”吸引潜在客户的关注，并将它们应用在名单攫取页（squeeze page）、前端产品和服务以及前面提到的诱饵上。

记住，只是识别出谁是你的梦幻客户，找出他们在哪里，并不意味着万事大吉、完成任务。你还需要抓住他们的注意力，让他们进入你的网站。而广告可以帮你做到这一点。

身为创业公司的老板，我的主要职责之一，是识别金山的矿脉在什么地方。这项任务，不是由购买广告、优化广告或者挑选关键词的那个人来完成。如果是那样的话，就好比期望建筑承包商知道如何浇筑地基、建设房屋的框架、铺设地板以及安装电路。建筑承包商不需要知道所有那些。事实上，如果真的是由他一个人来做那些事情，那他得比正常情况多花 10 倍以上的时间。相反，高明的建筑承包商懂得把建造房屋的任务分成几块来做，懂得把电线铺设任务交给电工，把地板铺设任务交给泥瓦工。

作为企业家，你的职责是理解互联网秘诀背后的策略，然后聘请专业人员负责社交网站的广告和搜索网站的广告。到目前为止，我从来没在谷歌（搜索网站）或 Facebook（社交网站）上投放过广告，但却在这两个平台上赚得了数百万美元。我理解了策略，然后安装了一些系统，聘请了精通各种方法的人们。以这种方式，我们全都在做自己最擅长的事情。

也正是由于我知道这种劳动力分配的重要性，所以不会在本书中详细阐述如何经营广告。相反，我想着重阐述策略。然后，由你建立一个系统，并由你的团队运行它。在下一章，我将帮你了解吸引三种类型的网站流量的策略，而且，将准确指出你在吸引网站流量时的唯一目标。

秘诀 5

网站流量：每一次点击，都金光闪闪

想要你的公司呈指数级发展壮大，你必须理解一条至关重要的互联网秘诀：网站流量的类型只有三种。

- 你能控制的网站流量
- 你不能控制的网站流量
- 你拥有的网站流量

只要你理解了每一种网站流量是怎么回事，以及怎样将它们结合运用，便能将正确的网站流量引导到正确的产品与服务上，并将最多的网站流量转变成客户和回头客。你唯一的目标就是尽可能地拥有所有网站流量。只有这样，你才能不断地充实客户列表，扩大销量。

已拥有的网站流量：兑换成实际收益

我想首先讨论你拥有的网站流量，因为它最重要。你拥有的网站流量，

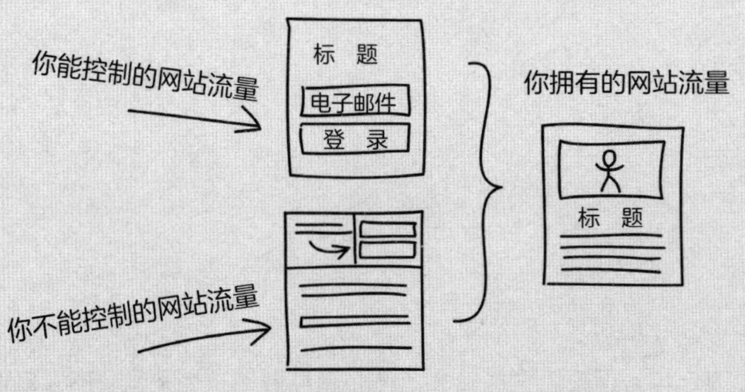

只要你理解了每一种网站流量是怎么回事，以及怎样将它们结合运用，便能将正确的网站流量引导到正确的产品与服务上去，并将最多的网站流量转变成客户和回头客。

是最好的网站流量。它是你的邮件列表或者你的“粉丝”、读者、客户等。我称这种网站流量为“你拥有的”，是因为你可以给你的“粉丝”发送电子邮件、广告信息或者撰写博文马上产生流量。

我不用从谷歌或 Facebook 上购买网站流量，也不必进行任何公关或搜索引擎优化。这是我自己的传播渠道，我可以在任何时候发布信息，且不会产生任何新增营销成本。我可以向这些人一次又一次地推销产品和服务，而从他们身上获得的利润，是纯利润（因为几乎没有成本）。

我第一次创办线上公司时，幸运地遇到了我的导师马克·乔伊纳（Mark Joyner）。马克是一家大型线上公司的创始人，当我向他学习时，他给我的最重要建议是这样的：“拉塞尔，你得创建一个客户列表。”这条建议深深烙在我的脑海里，以至于在后来的两三年，我一心只想着创建列表。随着我的列表不断发展，收入也滚滚而来。

第一个月，我吸引了 200 人加入我的列表，那个月，我的收入是 200 美元多一点。当列表中的人数增加到 1 000 人时，我每个月的平均收入开始达到 1 000 美元左右。

当列表规模发展到 10 000 人时，我每个月的平均收入超过了 10 000 美元！如今，这些数字仍在非常稳定地增长，列表中的人数已经远远超过了 50 000 人。

没错，你可以这样理解：邮件列表中的人，平均每人每个月让我赚 1 美元。在我们涉足的某些市场，实际利润比那还高得多。但作为一条经验，当你正确地执行沟通漏斗时，理论上讲，是可以据此预测利润的。充分理解这条兑现规则，你才会把列表的创建摆在十分重要的位置。

这也正是尽可能迅速地将其他两种类型的网站流量（你可以控制的和你不能控制的），转换成订阅者和客户（你拥有的网站流量）如此重要的原因。你的列表规模越庞大，赚到的钱也越多。

可以控制的网站流量：引流到你的网站

另一种网站流量是你可以控制的网站流量。当你能够分辨网站流量的去向，便可以控制它们。例如，如果我在谷歌上购买了一条广告，尽管我并不拥有它的网站流量（由谷歌拥有），也可以变相控制潜在客户：将那些点击了广告的网友，发送到我期望的目的地。只要是付费的网站流量，便是你可以控制的网站流量，包括以下这些：

- 电子邮件广告（独家广告、横幅广告、链接、植入产品或服务信息的软文）
- 点击付费广告（Facebook、谷歌、雅虎等）
- 横幅广告
- 原生广告
- 联盟会员和联合经营

我个人喜欢那些我可以控制的网站流量，但面临一个大问题：想要发布更多广告时，必须支付更多成本。因此，我的目标始终是把我将会购买的任何网站流量，发送到一个我们称之为“名单攫取页”的页面上。别着急，在秘诀 11 中，我们将更加详细地探讨名单攫取页。

名单攫取页只有一个简单且纯粹的目的：将你可以控制的网站流量，转换为你拥有的网站流量。当我把付费网站流量转移到名单攫取页，当访问者进入名单攫取页后，他们只有两个选择：要么把电子邮件地址告诉我，要么离开（图 5.1）。

现在，有些网友会选择离开名单攫取页，但有些网友确实会把他们个人的电子邮件地址留给我。这样我就相当于把可以控制的网站流量，变成了拥有的网站流量，可以通过秘诀 7 和秘诀 8，向这些新的潜在客户发送邮件了。

图 5.1　如果你想要人们点击你的广告，
那么，你的广告必须能够抓住人们的注意力

不能控制的网站流量：尽你所能地利用

对于不能控制的网站流量，我既不能控制它来自何处，也不能控制其去向何方。例如，如果有人在 Facebook 上提到了我的书，那么，他的“粉丝”可能在谷歌上搜索我的名字，也可能选择点击我博客中的随机一个页面。我对这一系列事件的任何一部分，都没办法控制。不能控制的网站流量有许多种，包括以下这些：

- 社交媒体流量（谷歌、领英、Facebook、Instagram、Twitter、Pinterest 等）
- 搜索网站流量（搜索引擎优化）
- 博客的游客

- YouTube 观众
- 访谈视频的观众

现在，正如可以控制的网站流量一样，对于不能控制的网站流量，我同样也只有一个目标：将其转变成我拥有的网站流量。为达此目的，我努力将无法控制的网站流量全都推到我的博客中去。如果你访问了我的任何一篇博客，就会注意到，博客顶上 1/3 的页面只有一个设计精美的名单攫取页。

当人们来到这个页面，他们唯一能做的事情，就是把电子邮件地址给我。这样做之后，他们便成了我拥有的流量，我就可以把他们放到我的沟通漏斗中（图 5.2）。

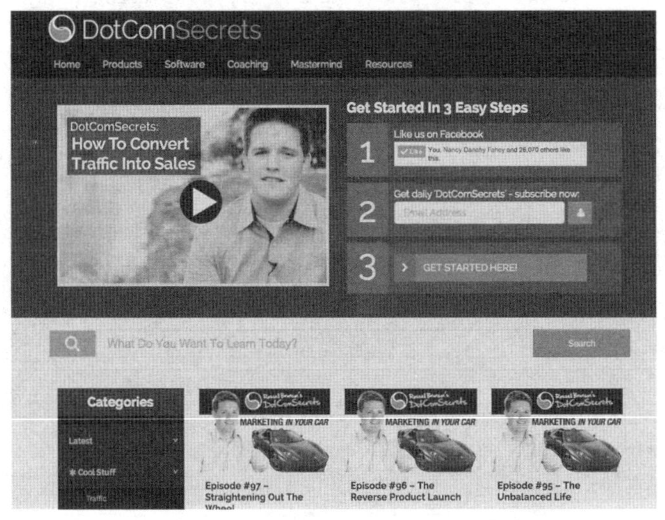

图 5.2　我将我的博客帖子转变成名单攫取页，以便尽可能多地获取我拥有的网站流量

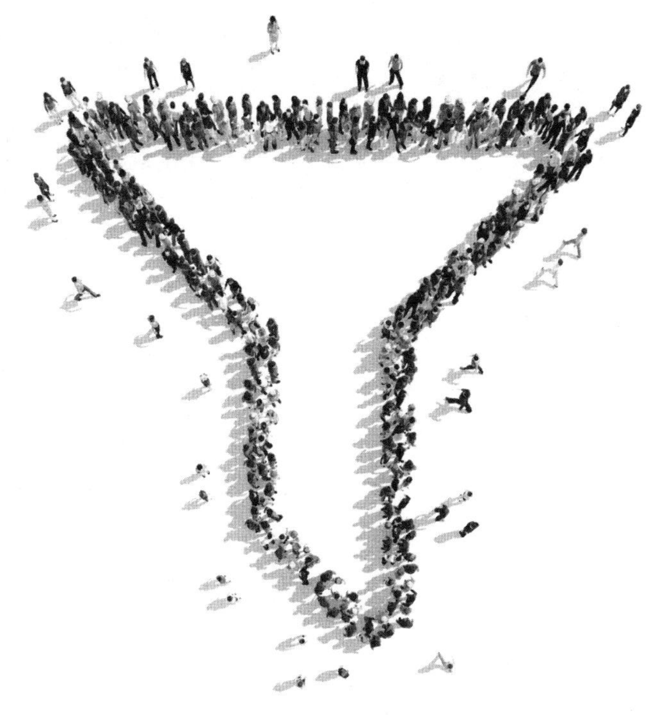

第 2 部分

沟通漏斗：增加美誉度，紧紧套牢客户

赛百味原本只是一家普通的快餐店，和麦当劳、汉堡王没什么两样，直到被一桩营销事件拯救——有一名“吃货”在连续几年、每天只吃两顿赛百味后，体重大幅下降。不出意料，这很快引起整个社会的关注，赛百味就此吸引了大量想减肥的顾客，并迅猛发展了整整 15 年！

秘诀 6

魅力角色：
打造你的超级偶像

“拉塞尔，我正在创建一个列表，但没有人打开我的电邮，没人点击我的链接，也没人购买我试图销售的东西。我哪里做错了吗？”一直以来，刚开始上互联网秘诀课程的人们，往往会这样向我发问。

公司老板通常会认为，邮件列表中的每一个人，应当平均每月贡献 1 美元。因此，他们会着重扩充列表规模，但当看不到任何结果时，不禁感到困惑和失败。你是不是也有同感？

在我的经验中，这里缺少的环节是魅力角色。魅力角色指的是你与客户分享的人物角色，以及你与邮件列表中的人们沟通的方式。很多人要么嫌麻烦，不愿意塑造这一角色，要么没有正确地塑造。因此，我想现在向你们解释这个过程。塑造魅力角色，是你开始做销售工作时，应该采取的最重要措施之一。只要你有意塑造了魅力角色，你的业务将被永久地改变。

魅力角色并不是某个长相特别好看的人，尽管他们可能确实很好看。我在这里说的魅力角色是一个人物形象，可以吸引人们的关注，并最终达成销售。魅力角色使你能够在任何地方搭建起一个平台，无论是电子邮件、Facebook 还是 YouTube。

你自己在哪里出现并不重要，你的魅力角色会负责将人们吸引过来。

我平生第一次了解人物形象的重要性，是在一次营销讲座上，主讲人是约翰·阿兰尼斯（John Alanis）。搜索一下，你就会发现，阿兰尼斯致力于教男人们吸引女人，换句话讲，就是教男孩子交女朋友。

我记得，阿兰尼斯对如何吸引女人所做的一番解释，与销售人员吸引客户并最终达成销售的方法十分类似。如果一个男人想要吸引女人，一定得做一些事情。而同样是那些事情，如果你希望你的公司吸引客户与顾客的话，你也得做好它们。阿兰尼斯说："企业家需要塑造魅力角色。"那是我第一次听到这一观点。他的演讲持续了一个小时，对我和我的公司都产生了巨大影响。

想一想，任何一家成功的企业，无论是线上的还是线下的，都将魅力角色放在极端重要的位置。以赛百味（Subway）为例。赛百味原本只是一家普通的快餐店，和麦当劳、汉堡王等众多连锁快餐店没什么两样。后来，赛百味在发展过程中，发现了一个名叫杰瑞德的小伙。

杰瑞德体型庞大，重达 180 多千克。但在连续几年、每天只吃两顿赛百味后，他的体重大幅下降。于是，赛百味开始向全世界讲述杰瑞德的故事。他们把杰瑞德放到专题广告中，放在大型户外广告牌上，让他随处可见。

通过将杰瑞德作为其魅力角色，赛百味将公司的业务从普通的快餐食品，包装成一个减肥计划。这种新策略，完全将赛百味和其他竞争对手区分开来。

赛百味之所以能够大获成功，原因之一是它们围绕魅力角色制订了营销战术。那些正在努力减肥的人们，可以联想起杰瑞德。他们了解他的背景，而且想和他一样，他们会想："如果杰瑞德仅仅通过一天吃两顿赛百味便能轻松减重，那么，我也能做得到！"于是乎，这个名叫杰瑞德的小家伙，让赛百味迅猛发展了整整 15 年！

现在，再想想你最喜欢的电影。你最近看的电影是什么？你看这部电影，是因为它的故事情节引人入胜吗？或者，是被你喜欢的某位演员吸引？电影之所以塑造魅力角色，是因为那些魅力角色可以吸引更多观众。

电影《十一罗汉》就是绝佳的例子。我看到这部电影的演员阵容时，丝毫不怀疑它将是一部卖座的电影。制片人将 11 个观众非常喜欢的魅力角色整合到一部电影中，很快，这部电影火了！也许你并不是布拉德·皮特的“粉丝”，但你可能十分喜欢朱莉亚 · 罗伯茨。因此，如果你去看这部电影，就是因为她是你喜欢的魅力角色。

这正是一代又一代的电影续集和跨媒体制作如此成功的原因。如果你喜欢哈里森 · 福特在 1977 年扮演的韩 · 索洛，那么，你就有可能一再花钱去看所有的《星球大战》系列电影和《夺宝奇兵》。为什么会这样？难道你不好奇，40 年以后，谁会再度出现，把你的思绪带回往日吗？

一想到在整整一个世代之前拍摄出来的不算特别突出的电影，到如今依然能够让电影院挤满观众，票房达到数百万美元之巨，你可能不禁惊讶万分。这就是魅力角色的力量。我们喜欢他们，希望和他们一样，我们对他们的故事产生共鸣，我们会买下他们销售的东西！

这便是在竞争最激烈的市场中，最成功的线上公司背后的巨大秘密。那些行业包括减肥、交友、金融投资、营养补充以及电子商务等。所有这些公司，都懂得塑造魅力角色。

卖什么都是卖故事

我在研讨会上发表演讲，向观众出售产品时，注意到魅力角色在公司里的作用。刚开始演讲时，我还在博伊西州立大学读书。我当时是校摔跤队的成员，所以在台上讲述自己的故事时，会谈到摔跤、教练，以及我从这项运动中学到的东西。

演讲结束后，是我卖东西的时间。我注意到，那些选择购买产品的人，大部分是男运动员。他们会说：“嘿，小伙子，我是橄榄球员。”“你好，我是打长曲棍球的。”我当时并没有意识到这一点，但我讲述的故事，在别的男运动员心中塑造了一个魅力角色。有意思！

几年以后，妻子和我决心要个孩子。跟那个时代的许多夫妻一样，我们在试图怀孕的时候，遇到了一些麻烦。我们经历了漫长的等待。在一次人工授精后的几个月，妻子成功怀上一对双胞胎。

有一次，在研讨会上演讲时，我不知道出于什么原因，觉得应该讲一讲那个故事。我稍稍有点紧张，因为我通常不会向别人分享如此私密的故事。但不管怎样，我向观众讲了那个故事，并在最后回到我的演讲主题上来。然后，我向往常一样，开始卖产品。

当我朝会议室的后门望去时，发生了一件匪夷所思的事情。那些运动员不出意外地出现在那里，但现在，他们的妻子、母亲和其他家人，竟然也都过来买我的产品。太有意思了！我只是跟他们讲了讲我的家人，突然之间，一种新的细分受众，就被我吸引了。这种新的受众，突然之间觉得他们可以和我产生共鸣，因此，对我足够信任，愿意从我手里买东西。那种事情，以前从来没有发生过。

我记得还有一次，公司正推出一种名叫 MicroContinuity 的产品。我们在发售该产品前，已经举办了几场讲座，教人们怎么使用该系统。我的一位学生乔伊·安德森（Joy Anderson）推出了一个非常成功的 MicroContinuity 项目，那个项目直到如今，依然很成功。

到了我推出该产品时，我厌倦了讲自己的故事，于是决定讲一讲乔伊的故事。这让我们随后卖掉了 800 多件产品，并在短短两周内，毛收入超过 100 万美元。几个月后，我们为已经购买了该项目的人们举办了一场讲座。当时，我吃惊地发现，我们的受众居然有一半是男性，一半是女性。一般来讲，来参加讲座的，大约 90% 都是男性，但这一次完全不同。讲座结束后，我们对观众做了一次调查，询问他们为什么来参加讲座。几乎无一例外，所有女性朋友都说：“我想像乔伊·安德森那样。”

我经常看到这样的例子：对我的故事产生了共鸣的人们，也会购买我的产品。因此，几年前，我开始提出魅力角色这一概念。那些执行了我的理念的学员，彻底改变了他们的公司。由各个培训项目催生出来的、所有这些重大的成功，无一例外，都塑造了自己的魅力角色，并据此建立起强大的品牌和平台。

成功的魅力角色，可能意味着公司一个月赚 1 000 美元与一个月赚 10 万美元之间的差别。你有多大的魅力？你有多么有趣？为什么人们打开电视，会特别关注你的故事？

你可能在想："但我这个人，不是那么有趣。”我向你保证，一开始，我也觉得自己并不是特别有趣。但想办法挖掘你的背景故事，你可以使它变得引人入胜，这样人们就会因为个人的情结而追随你。

魅力角色由三个部分组成。

要素

身份

故事情节

这三个要素缺一不可，这样角色才够充实，更鲜活生动，更有血有肉，人们才会喜欢和追随。在接下来的几章里，我们将探讨如何向你的观众介绍魅力角色的方方面面，但现在，你得着重考虑怎样塑造你的魅力角色。

4 个要素，让魅力角色引起更深层次共鸣

要素 1　背景故事

每个优秀的魅力角色，都必须有一个背景故事。如果你想取得好的结果，

这必不可少。当你打开电视，看到杰瑞德坐在那里吃赛百味的食物，你会作何反应？你可能会想："这个瘦削的家伙，整天就知道吃那些东西，真烦人。他是谁啊？"如果不知道他那令人惊讶的成功减肥的背景故事，你就无法和他产生共鸣，那他就只是一个爱吃赛百味的家伙而已。

但如果你看过杰瑞德的背景故事，也就是体重 181 千克和体重 86 千克的对比照片，然后再看他吃赛百味食品，那会是完全不同的情形。你也许想："我就想和他一样。如果他可以通过吃赛百味的食品而减掉那么多体重，也许我也可以。我想变成他现在的样子。"你有没有发现，作为潜在客户的你，前后的反应有着巨大的差别？

之所以要讲述背景故事，是想让人们看到你以前是什么样子。如果潜在客户会对你的过去产生共鸣，那么，他们也希望跟随你的步伐。如果他们没有看到背景故事，可能就不会关注你或者倾听你。因为在他们眼中，你是无法企及的，不真实的。

但如果他们看到你也曾陷入和他们类似的情形之中，便会马上对你产生认同感，并关注你。你的故事，强烈地吸引着他们。那样一来，你便可以铺就一条道路，他们也会心甘情愿地沿着那条道路走下去。

关键是，故事必须从某种程度上涉及你正在销售的产品。如果你在卖一款减肥产品，一定要讲述减肥的背景故事。如果你在推荐投资建议，那就要讲一个金融类的背景故事。道理是不是很简单？

就算手头没有与你的产品相关联的背景故事，也没关系。你可以寻找和使用别人的背景故事。我在讲述乔伊·安德森的故事后，就突然之间受到女性客户的青睐。你的学员、你的案例研究、你成功的客户，所有那些资源，都可以是背景故事和魅力角色。

赛百味的老板，并不是那个时时刻刻都在电视上吃快餐食品的那个人，对不对？那个人是杰瑞德。他就是这家快餐连锁店的成功故事，因此，他是赛百味的魅力角色。你的魅力角色不一定必须是你，但背景故事必不可少。

要素2　寓言故事

寓言由小故事和易于记忆的观点构成。如果你追踪观察我一段时间，将会知道，我的很多演讲都是在讲故事或者讲寓言。

例如，我在销售“专家秘诀”课程时，需要想办法告诉人们，他们可以运用自己的任何一项才华或技能来赚钱。因此，我分享了我制造第一款产品时的故事，那是一张关于怎样制作土豆枪的DVD。现在，关于那个故事，有太多的东西可讲，但篇幅有限，我就不再赘述。但那个故事证明了一个事实：你可以通过出售你在几乎每一件事情上的体验或每一方面的专长，来创造赢利机会，并真正赚到钱。

在我教客户一些我希望和需要他们理解的核心原则时，我还会用到其他故事。回想你遇到过的其他老师，那些对你的人生有着重大影响的老师。我猜想，如果他们对你的人生产生了持久影响的话，那一定是因为讲了一些饶有趣味的、令你记忆犹新的寓言或故事。

寓言就是一个故事，关于你的魅力角色在生活中发生某件事情的故事。许多人眼睁睁地看着时光溜走，没有停下脚步记下生活中的趣事。

但你不同。你有能力运用生活中发生的各种事情来教别人，鼓舞别人，并向他们出售产品。

这里还有另一个关于寓言的例子，我几乎每次卖产品或服务的时候，都会讲给客户听。我大学时期的摔跤教练叫马克·舒尔茨（Mark Schultz）。搬进大学宿舍后，我参加了第一次训练。那次参加训练的有我、队友以及教练，我训练得一点都不开心。

那个晚上，正在宿舍休息时，我听到一阵敲门声。我打开门，发现舒尔茨教练站在门外。他带给我一盘录像带，是他录制的自己的摔跤镜头。我心想，这真是太好了，我正需要这样的辅导材料。但是，他在临出门前，要我把钱包给他。我按他说的做了，他把钱包打开，拿出所有钱，然后把空空如也的钱包还给我。我一时愣住了，甚至有点紧张，以至于什么也没说。

然后，舒尔茨教练对我说："拉塞尔，如果我把那盘录像带免费送给你，你永远也不会看。但由于你现在付了钱，你就做了一笔投资。现在我知道，你会去看它，而且认真学习。"他说得对。由于那笔投资，我确实反反复复地观看了那盘录像带，也正因为如此，我成长为一名更加优秀的摔跤选手。正是在那一天，我懂得了投资的力量。

如今，我几乎每次都会和观众分享那则故事，然后再请他们对我做一笔投资。因为我知道潜在客户想要成功，但我也知道，如果他们不投资、不投入，就不可能成功。比起只是告诉别人，让他实实在在地做出一笔个人投资，和别人分享一个故事，比如舒尔茨教练的故事，更加令人印象深刻。

仔细回顾你的人生，我保证，你总能找到那些小小的寓言，它们可以帮助你阐述一些重要的观点。你还可以从别人的生活中引用一些故事。关键在于，你要知道，通过寓言传递你的营销信息，可以给受众留下更深刻的印象。

要素 3　展露缺点

对大多数人来说，真的很难开口告诉对方自己有哪些方面的性格缺陷，但这又是最重要的、不能避而不谈的事情。因为做到了这一点，你就可以与对方产生共鸣，让自己的形象更真实。要知道，每一个可信的、饱满的魅力角色，都有其缺陷。

想一想电影、书籍或电视节目中你最喜欢的角色，每一个你深爱的角色，都是有缺陷的，对不对？我最喜欢的角色是超人。他是钢铁英雄，天下无敌，没人可以杀死他。作为故事主角，光是完美并非足够让人十分兴奋。但当你看到克利普顿石以及超人对家人安宁的担忧时，突然之间，你发现他也有脆弱的一面，也有性格缺陷，于是，他成了我关心的一个有趣角色。

没人想听十全十美的人的故事，因为那样一来，两人就无法产生共鸣。然而，我们许多人在自己的受众面前，总喜欢披上完美无瑕的外衣。这使得他们与试图接触的真实的人们渐渐疏远。相反，让你的受众知道你并非完

魅力角色

要 素

① 背景故事
② 比 喻
③ 角色的缺陷
④ 两极分化

身 份

① 领导者
② 冒险者 / 改革者
③ 报道者 / 传道者
④ 时势造就的影响

故事情节

① 损失和救赎
② 他们 vs 我们
③ 之前 vs 之后
④ 令人惊奇的发现
⑤ 讲述秘诀
⑥ 第 3 人的证明

舒尔茨教练对我说："拉塞尔，如果我把那盘录像带免费送给你，你永远也不会看。但由于你现在付了钱，你就做了一笔投资。现在我知道，你会去看它，而且认真学习。"

美无缺，知道你也有性格缺陷，那么，他们将开始对你产生同理心。他们会更喜欢你，因为你和他们一样：不够完美。

要素 4　有料、有态度、有立场

在和受众沟通时，人们面临的另一个挑战是，总想着取悦所有人，不想冒犯任何人。比如，演讲者为了更平易近人，将演讲主题变得平淡乏味，并保持中立，只分享所有人都喜欢听的东西。

但这里有一个问题。尽管取悦所有人确实听起来很合理，但问题是，中立往往令人厌倦。当某个魅力角色想赢得所有人的支持时，最终会令所有人心生反感。

相反，魅力角色通常应该是十分极端的。他们分享自己对一些艰难事务的看法，而且坚持自己的立场，不论有多少人不赞同。他们会划定一条明确的底线。当他们站在自己坚信的立场上时，会将受众划分为三个阵营：和他们意见一致的、和他们意见不一致的以及中立的。

当你拥有极端化个性时，就能将能同甘不能共苦的“粉丝”，转变成你的忠实“粉丝”：不论你说什么，他们都关注你、分享你的信息，并一而再、再而三地从你那里购买产品和服务。

霍华德·斯特恩(Howard Stern)是个相当极端化的人。人们要么喜欢他，要么憎恨他。然而，正如你看到的那样，他在天狼星广播节目以及《美国达人》上的形象，引起了极大关注，人们都在听他的节目。想一想你在听的播客，想一想你在读的博客和书籍。你喜欢和追随的魅力角色，是不是对你使用了极端化策略？有没有一些人，尽管你不能赞同他们的生活方式或是他们传递的信息，你依然关注他们、倾听他们？

非常有意思的是，和我们喜欢的对象一样，对于那些我们讨厌的人，我们会花同样多的时间来倾听他们，与他们交谈，听他们分享。然而，如果那些角色并不是如此的极端化，你还会知道他们是谁吗？

有时候，极端化稍稍有点令人害怕。当你知道，一旦你开始分享你的观点，就会有一群人不同意你，并且在线上反驳你时，你可能会觉得害怕。如果在互联网上搜索我，你可能会发现，有些人爱我，有些人恨我。就是那么回事。如果你是中立的，没有人会恨你，但也没有人知道你是谁。只要在重要的问题上，你选择了某一个立场，就会有人恨你，但你也能培养一批狂热“粉丝”。那些狂热“粉丝”，正是会购买你的产品和服务的人。

如果没人谈论你，那就没有人知道你是谁。是时候走出那种中立的平衡，分享你的观点了。把你关心和关注的事情、你的观点告诉大家吧！

形象定位：布道者还是冒险者？

你的魅力角色一般会扮演以下身份之一。你得挑选出你希望的那一种。当你思考自己的选择时，脑海中马上浮现出的那个形象，可能就是最适合你的身份。将各种身份综合起来考虑，有助于确定你与受众交流和互动的方式。

领导者 领导者，通常是那些以把受众从一个地方带到另一个地方为目的的人。大部分领导者与受众都有着相似的背景故事，因此，知道受众在追求最终结果的旅途中，可能面临的障碍与陷阱。

领导者往往已经实现了期望的结果，所以，受众在追求目标的旅途上，需要领导者的帮助。我确定，你在生活的不同方面，一定有当领导者的时候。如果你适合领导者的身份，那么，当你和受众沟通时，这个身份会让你感觉很舒服。

冒险者或改革者 冒险者往往是那些好奇心强，但并不总是知道所有答案的人。因此，他会是踏上揭示终极真理之旅的先锋。旅程中，他往往会首先觅得宝贵财富，并将其与受众分享。这种身份与领导者的身份极为相似，但他并非领导着受众，更有可能是自己去探寻答案，回头再和受众分享。

报道者或布道者 这一身份通常是人们在尚未开辟道路时使用的

身份，怀抱着担当起开拓者角色的渴望。因此，他们会先扮演报道者或布道者的角色，探寻真理。一般来讲，使用这一身份的人们会采访数十、数百甚至数千位同行者，并和受众分享这些采访，以及他们在采访过程中的收获与感想。

在事业刚刚开始的时候，我的身份便是布道者。我并不太了解线上营销，于是选择采访其他已经成功的人。我变成一名记者，就像电视主持人拉里·金或奥普拉那样。由于采访了所有这些了不起的人士，并分享了他们的故事与经验，渐渐地，我开始建立起自己的受众群。人们经常和我一同分析这些颇受关注的名人，随着时间的推移，便开始把我和他们放在一块联想。

渐渐地，我的身份被抬高，因为我身边总有那些受到高度关注的人们。在当记者的过程中，我收获的知识和可信度，自然而然地发展了我的教练生涯。成为一名布道者，是在你并不太熟悉的利基市场中，创办公司的绝好方式。

时势造就的英雄 这是我如今的身份，一般来说，也是我试图与受众共享的身份。这个身份是谦逊的英雄，他原本并不想受到公众的注意，但最终由于惊人发现而被人们“小题大做”捧上了天。但他知道，自己掌握的信息或者秘诀如此重要，因此，必须克服这种羞涩，勇敢地和全世界分享。对他来说，是一种道德上的义务，迫使他分享自己知道的全部。

你们中的许多人，可能也会有这种感觉：成为公众关注的焦点，确实令人不舒服，但你必须让大家关注你。如果你就是那样的人，那么，时势造就的英雄，就是你的完美身份。好好扮演吧！

领导者、冒险者、布道者或者时势造就的英雄，你可能对这四种身份之一产生了强烈的认同感。确定哪种身份适合你，并运用那种身份的鲜明特点塑造你的魅力角色。如果你是冒险者，讲述你的历险故事。如果你是领导者，讲述你过去的故事，并描绘你未来的蓝图。

如果你选择的身份是正确的，应当很容易就能扮演好。如果你在塑造魅力角色时觉得困难重重，也许应当换个角度来观察你的身份。

好故事怎么写 :“我曾拥有一切”

故事是与受众交流的绝好方式。公司可以在电子邮件、销售信件、着陆页和其他沟通方式中，一次又一次地编织和使用以下 6 种基本故事情节。我们之所以一再地使用它们，是因为它们真的非常管用。

这 6 种基本故事情节，都是出于特定目的而构思的。一旦你学会恰当地使用这些故事情节，就会发现它们的强大之处，而且会想以不同的方式，一而再、再而三地使用它们。现在，让我们深入分析每一种故事情节的基本结构。

损失和救赎 “我曾拥有一切，我曾站在世界之巅，生活真是美好至极。然后，发生了一件事……我必须寻找出路……但最终的结果证明，这也许是一件看似坏事的好事，因为我经历了……，我学会了……，我收获了……。如今，我……

损失和救赎的故事十分扣人心弦，因为它们显示了经历困难或者直面挑战的积极面。如果你自己就有这种损失和救赎的故事，那太好了！如果没有，你可以从你的追随者中借用，或者从主流媒体或你喜欢的电影中借用。

我们 vs 他们 你可以使用“我们 vs 他们”的故事来两极分化你的受众。还记得极端化的策略吗？这类故事可以使你的忠实“粉丝”更拥护你，并给他们一个应对局外人的响亮战斗口号。我通常会在我的邮件列表中喊出“空谈者 vs 行动者”的口号。我希望客户能够根据自己的身份做出自己的选择，因为如果他们和我站在一个阵营，那么，他们将是行动者，继续和我一同前行。

之前 vs 之后 “以前，我是……现在，我是……”，这往往是翻天覆地的大转变故事，在任何市场都十分适用。例如，在减肥市场中，你可以说 ：“起初，我是个大胖子。后来，我参加了 X 项目。现在，我瘦成了一道闪电。”也可以在约会市场中试一试，例如，“以前，我是一只可怜的‘单身狗’，毫无魅力。后来，我参加了 Y 项目。现在，我身边美女如云”。还有在金融市场中咸鱼翻身的故事："起初，我穷得要命，住在大桥下的集装箱里。然后，我试用了 Z 产品。现在，我在比弗利山庄拥有一幢大别墅。"

这些故事的威力不言而喻，而且易于描述。实际上，通常情况下，只需要一些图片，你便可以讲好整个故事，但不能过于简单。这些故事是强大的助推剂，你应当充分使用它们。

令人惊奇的发现 "哦，我的天啊，你们这些人，听我讲完我刚刚发现的这件令人惊讶万分的新鲜事再说！你们不会相信的，但我第一次尝试，便出色地完成了！我不确定它会管用，但它就有那么神奇！你们一定要尝试一下！"这些故事对销售讲座和远程讨论十分管用，因为它们让人们相信，他们苦苦寻找的答案终于出现了。

透露秘诀 "我有一条秘诀……如果你想得到它，你得……"这是我最喜欢的故事情节。我的 DotComSecrets 公司，就是围绕着秘诀的故事情节创办的。秘诀的诱惑，将把读者吸引到你的销售漏斗中来，并且跟随着你攀登你的价值阶梯。

第三方证明 分享其他人使用你的产品和项目，并获得成功的故事，相当于提供了强有力的社会证明。从客户、终端消费者和学员那里，尽可能多地获得第三方证明。然后，不经意地在你的故事中透露出来，或者将它们作为单独的故事和案例研究进行分享。

秘诀 7

肥皂剧序列：
像肥皂剧一样牢牢吸引客户

当受众第一次加入你的邮件列表时，至关重要的是，你要迅速让他们与你的魅力角色产生联系。你怎样介绍你的魅力角色，可能意味着对方以怎样的方式来对待你的电子邮件：要么成为经常打开邮件的忠诚订阅者，要么直接按下删除按钮。

多年来，在与那些加入邮件列表的人们迅速建立联系方面，我尝试过几十种方法，但结果总是不太理想。直到有一天，我的朋友安德烈·查佩龙（Andre Chaperon）向我介绍了“肥皂剧序列”（soap opera sequence）的概念后，我才豁然开朗。

如果你从没看过肥皂剧，那我可以简单地描述一下：那些故事凭借开放式的、高度戏剧化的情节吸引观众，让观众每天都接着看下去，好奇接下来会发生什么。

肥皂剧的情节是连续不断、纷至沓来的，从来不会轻易结束。肥皂剧中的角色，总是要么陷入了麻烦，要么刚刚从困境中解脱出来；要么坠入爱河，要么分道扬镳；要么被投入监狱，要么成功越狱；要么即将死去，要么神奇地复活。当你和肥皂剧中的角色产生情感共鸣，你将情不自禁地被剧情吸引，迫不及待地想知道接下来会发生什么，进而一而再再而三地守候在电视机前。

我们将使用同样的故事结构和要素，构思邮件列表中的人打开你的电子邮件后的事情。你的目的是让魅力角色与电子邮件阅读者建立即时的联系。

如果你的第一封邮件单调乏味，那就到此为止了，他们不太可能打开下一封。但如果你在第一封邮件中，讲述了有趣的事情，并且用开放的故事情节吸引住了他们，他们就会期待你下一封邮件的到来。

在你的肥皂剧序列中，你要介绍自己的魅力角色，并构思一个开放的戏剧故事，深深吸引受众。你可以采用几种不同方式做到这一点。我见证过安德烈设计的序列，他会连续不断地用 40 封或 50 封邮件来延续那一序列！

我绝对没有安德烈那么多的时间和耐心，因此，设计了一个简单的、持续 5 天的肥皂剧序列。当有人加入我的邮件列表时，我会按照这个序列给他们连续发送 5 封邮件。要使这一序列奏效（就像肥皂剧那样），关键是必须打开和关闭一个个的循环，那些循环将吸引读者一封接一封地打开你的邮件。

例如，我可能在第一封邮件中告诉读者，我发现了一个秘诀，能在不服用昂贵的止痛药、承受药物不良反应的同时，消除神经疼痛。但我不会告诉他们所有的细节，而仅仅打开一个循环，对他们说，明天会告诉他们那个秘诀。

在第二封邮件中，我确实会向他们透露那个秘诀，但同时，我会打开新的循环，将他们吸引到第三封邮件中。

我确定，你一定见过导演们在肥皂剧或者真人秀节目中这样做。他们想方设法让你被情节深深吸引，哪怕播放广告时也不转台，因为你害怕错过接下来的情节。这种方法，在电视节目制作上司空见惯。现在，你需要在电子邮件中，熟练运用这些技巧。

让我带着你沿着 5 封电子邮件的肥皂剧序列走一遍。它很简单，但能够迅速地让网友与魅力角色建立联系。在这个例子中，受众只要填写名单攫取页上的表格，就可以加入我的邮件列表。在名单攫取页上，我会询问受众是否想变成“专家”——我打算卖给他们的产品叫作“专家秘诀”课程。

第 1 集：欢迎进入我的世界

这是第 1 封电子邮件，是一张表达感谢的便条，用于提醒受众他们加入了你的邮件列表。这封邮件会预告其他邮件的到来，让受众知道接下来会发生什么。你打算每天发一封还是两封邮件？或者每周发一封邮件？我建议最好是每天发一封。

主题：5 封邮件中的第 1 封

正文：

你好，我是拉塞尔，我想正式邀请你进入我的世界。

大约 10 年前，我创建了自己的第一家线上公司，当时我还在读大学，公司业务是销售一张关于制作土豆枪的DVD。那个小小的爱好，让我醉心不已。

后来，我不断出售各种东西，成为一名营销专业的学生。

至于其他业务，我正在测试和尝试……

我利用《互联网秘诀》这本书，和大家分享我所学的知识。

和其他的收费服务相比，我的目标始终是，免费赠予客户更好的东西。

事实上，明天我就会免费赠送一些东西。没错，我打算让你们免费体验我最好的产品，然后，只有当你们认为值得买的时候，再付费给我。这里有一个前提，就是在我举行免费赠送活动时，你先打开我的电子邮件。

是的。你没有听错……

我希望我们建立合作关系，共同开启伟大的旅程。

因此，我将为你提供高得让你感到惊叹的价值，这份价值会高到让你觉得将来非得从我这里买点东西不可（开个玩笑……）

听起来不错吧？

太好了，那么，期待我明天的电子邮件吧。谢谢你。

你的全新营销伙伴　拉塞尔·布伦森

附：第 2 封邮件的标题将是“5 封邮件中的第 2 封：我受过的教育让我备感失败的那一天”。

明天见！

第 2 集：激烈的戏剧冲突

好了，如果你在第 1 封电子邮件中很好地打开了一个循环，那么，受众将会焦急地等待第 2 封邮件的到来。对我来说，这就是“卖”的过程的开始。我从达依干·史密斯（Daegan Smith）那里了解到，想要故事够精彩，你一定要以高度戏剧性的一刻为开头。

大多数人从一开始就选择了错误的方式讲故事——把精彩的部分放在故事的中间部分——这样的故事往往不够精彩。最好是从精彩的部分讲起，然后倒叙，在吸引住受众之后，再补充背景故事。

所谓的背景故事，就是告诉受众，哪些事件导致了开头高度戏剧性一刻的出现。比如，你到底是怎样陷入困境的？一般来讲，你的背景故事，将把你带回与受众现在所处情形类似的环境。如果你在帮助他们减肥，就要把他们带回你自己肥胖的时候。如果你在教他们理财，就要把他们带回你还没有取得成功的时候。你要用背景故事，带领他们和你一道，经历一段个人旅程。

这种背景故事，将把你带回你曾经受困和碰壁的时刻。通常，这也是受众当前的真实情况。他们正是对当下的情况感到困扰，才向你寻找答案。你

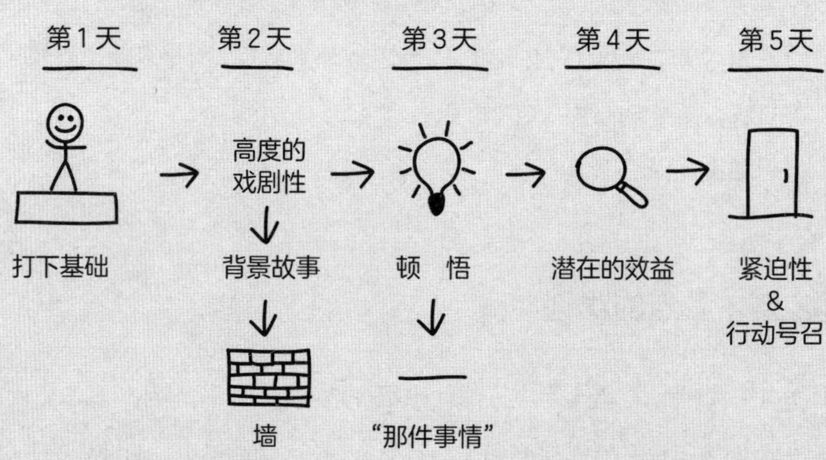

大多数人从一开始，就选择了错误的方式讲故事——把精彩的部分放在故事的中间部分——这样的故事往往不够精彩。最好是从精彩的部分讲起，然后采用倒叙的方式，在吸引住受众之后，补充背景故事。

要向他们解释你当初是怎样碰壁，然后是怎样找到答案的。

但这个时候，先不要给他们答案。你要做的只是打开这个循环，承诺将在第 3 封邮件中给出答案。

主题：5 封邮件中的第 2 封：我受过的教育让我备感失败的那一天

正文：

“我怎么会这样？”

我坐在满满一礼堂的人中间，觉得有一点困惑，觉得一切都将在这里终结……

15 年来，我一直循规蹈矩、锲而不舍地追求着目标，最后却发现，这一切都是谎言……

我环顾四周，发现许多人和我面临着同样的情形，只是他们的脸上挂着笑容。

难道他们不知道接下来会发生什么事情吗？

那是 2005 年 5 月 14 日，星期六，是我大学毕业的日子。多年以来，父母就跟我讲过，这一天会到来。

“你得上大学，以便找个好工作。”

没错，今天晚上，许多人一定会开怀庆祝。

但第二天早晨醒来，会怎么样？

那时，我们全都需要面对现实世界。如我们很快就会发现的那样，这个世界并不是很好，还是宽容些吧。

对和我一同毕业的许多同学来说，我们将从入门级的工作（如果我们能找到工作的话）开始做起，一年赚 3 万到 4 万美元，只够支付学生贷款的每月还款额。

顺便提一下，那些贷款，你是不能不理会的……即使你宣告破产，它们依然在那里。

债务的枷锁加上无法填补教育支出的就业市场，就是当我们步入现实世界的时候，每个人都会面对的残酷现实。

因此，当我环顾四周，看到其他同学在毕业当天满脸笑容时，我真的困惑极了……

并不是对我自己，而是对他们……

因为对我来讲，我知道我的未来在哪里。仅仅两年前，我偶然发现了一种绝妙的方式。我用那种方式做我擅长的事情，并将那些事情发展成一项业务。

那项业务，让我在大学三年级的时候赚了25万美元，大四一整年赚了超过100万美元。

你知道我发现什么了吗？你有兴趣了解我是怎样将创意变成赚钱的业务的吗？

严格说来，我当时没有任何启动资金，我在学校上学、学摔跤，正忙着和新婚妻子共度甜蜜生活呢。

如果你有兴趣，那就期待我明天的电子邮件吧。我将向你展示我当时的顿悟。但更重要的是，我将解释，你可以怎样利用这种顿悟，让你的人生收获同样的结果！

总之，期待明天的电子邮件吧。主题是“5封邮件中的第3封：专家秘诀”。

谢谢你。

“我要赚回我的学费” 拉塞尔·布伦森

附：差点忘了，我昨天说过会免费赠送我最好的产品。

你可以登录以下网站下载，但请不要告诉其他任何人，这只针对我的忠诚订阅者：www.ExpertSeerets.com/freeaccess。

这门课程，让我的很多学员赚得比我还多。现在就去注册参加培训吧，看看它能把你带向何方！

明日再叙。

第 3 集："我明白了！"

现在，是时候看到一丝曙光了。在这个阶段，你会产生一种顿悟。你会意识到以前没有想到的事情。也许那件事情，时时刻刻都在你的眼前。在你顿悟的那一刻，整个世界都在围着你转。

现在，受众已经被深深吸引，他们想知道（并且有可能购买）你的解决方案。大多数时候，你向读者透露顿悟的邮件，将把你带回到你的核心产品和服务，不论你正在销售的东西是什么，只要能够解决问题。

"我突然意识到，需要创建一个邮件列表。""我的顿悟是，我必须获得一个支持系统，帮助我克服我的瘾症。""我的顿悟是，我必须从情绪上找到我暴饮暴食的根本原因。"顿悟与你正在销售的解决方案紧密相连。如果你在向某人出售某件产品，只要说你的顿悟导致你发现了那一款产品就够了。

主题：5 封邮件中的第 3 封：专家秘诀

正文：

我坐在大学课堂里，边听课边想我的大学教授每小时能挣多少钱。

我假设他的年收入是 5 万美元左右。我的估计有可能高了，也有可能低了，我不知道。如果他每年工作 44 周，那么，他可能每小时挣 25 美元。

随后，我看了一本教读者"怎么做"的书，那是我前不久买的。我花了 50 美元买那本电子书，我觉得书写得非常好。

我知道，那本书的作者说过，那本书平均每天的销量是 100 本。100 本！

我算了算，每本书 50 美元，那作者每天大约赚 5 000 美元！或者说，年收入是 182.5 万美元！

但最疯狂的是，这个家伙只花了短短几天时间就完成这本书（其中 90% 是图片，只有 10% 是文字）。等到他写完，再也不必重新写了。那本书在替他教读者！他只需写一次，然后就可以一次次地获取回报！

正是在那个时候，我意识到，我不想像我的教授那样来卖我的知识了，我想像那位作者那样来卖！

我就是那么做的。

到大四刚开学的时候，我已经挣了大约 25 万美元！

并且在毕业的那一年里，赚了超过 100 万美元！

这一切，是我通过一件事情实现的：以正确的方式卖出我的知识！

你知道我是怎么做的吗？

如果我在网上贴出一段视频，告诉你我是怎样用 20 美元以及一个点子起家，最终打造出一项年收入 100 万美元的、教别人“怎么做”的业务，你会去看吗？

这是视频的网址：www.ExpertSecrets.com/freeaccess。

去点击吧，让我知道你在想什么。

谢谢你！

拉塞尔·布伦森

附：明天我想告诉你，成为一名专家后，还有哪些潜在效益。

这些效益潜藏得很深，以至于你可能不知道它们的存在。明天再看我的邮件吧！

第 4 集：晒收益

在这封电子邮件里，你要向读者指出，只要了解并追踪你的计划，或者是购买你的产品，便能获得哪些效益。你要着重关注那些可能并不明显的效益。这使你又有了一个理由给他们发送邮件。同时，也使得潜在客户有机会与你的魅力角色建立更牢固的联系。这封邮件将揭示一些他们以前可能从来没有想到过的效益。

你肯定能赚到更多钱，除此之外，你还有更多的自由时间去旅行。

你一定能够成功减肥，不但如此，你还有足够多的时间和孙辈们共享天伦之乐。

你一定能够在家里工作，但你有没有意识到，只要你想，随时可以来一次“说走就走”的旅行！

通常情况下，正是这种潜藏的效益在真正吸引读者，让他们采取实际行动。因此，你要用一些寓言（故事）来显示那些潜在效益。告诉他们，不论他什么时候想休假，他们都可以休假，并且向他们解释那种自由是什么感觉。当读者“我也想那样！”的念头被激发时，就会点击链接，购买你的产品。

主题：5 封邮件中的第 4 封：潜在效益

正文：

当我首次成为专家时，我有点担心，因为我没有任何证书、学位或类似的东西。

我只知道，我向人们展示的东西，是能够奏效的，而且我希望分享它们。

但让我没有想到的是，在我帮助人们得到他们想要的东西时，也提高了我自己的生活质量。

没错，我开始赚更多钱，但是更加重要的是，我帮助的每一个人，都为我打开了新的大门。通过我的“专家秘诀”课程，我得以环游世界，遇到许多不可思议的人，比如激励大师安东尼·罗宾和维珍集团创始人理查德·布兰森。

但真正潜藏的好处在于，当我看到其他人改变了他的人生时，产生了一种巨大的成就感。对我来说，那正是这种业务的真正意义所在。我猜，如果你也在我的邮件列表中，那么，可能你也会发生同样的事情。

如果是这样，你可能对我的“专家秘诀”课程感兴趣。一般情况下，我收取的培训费是 3 000 美元，但我打算为你做两件很酷的事：第一，给你巨大折扣；第二，只有在你确定喜欢它的时候，你再付款。

是的，没错，你登录之后，先参加课程，然后得到我所有的最佳创意，然后，如果（也只有）你喜欢我的课程，你再付款。

如果你不喜欢，不论是什么原因，你都将免费获得它。

这听起来是不是更公平一些？

太酷了，接下来，到下面这个网站购买我们即将开展的一场活动（活动时间是本周四）的门票吧：www.ExpertSecrets.com/freeaccess。

拉塞尔·布伦森

第 5 集："行动起来，你也可以像我一样！"

这通常是肥皂剧序列中的最后一封邮件，但它并不是我发送给受众的最后一封邮件，而只是意味着我的介绍到此结束。目的是最后再推受众一把，让他们马上采取行动。你可以增强一些紧迫性，然后发出行动号召。

事实上，我一直在发出行动号召，但在最后一封电子邮件中，我想再次点燃受众激情。你可以提出什么合理合法的理由，使他们觉得自己需要马上采取行动？

网络研讨会明天开始！

活动只有 10 个座位！

待送出的书只有 1 000 本，送完即止。

视频即将下线。

不论什么原因，它都得是真实的。虚假的紧迫性，将让你事与愿违，让你失去可信度。不论你在销售什么，为它的"紧俏"想一个理由。

如果是一件长期出售的产品，那么，推出一种很快就会结束的限时特卖。或者，给读者一张将在 24 小时之内到期的优惠券。发挥你的创造力！你总能想出某种办法来制造真正的紧迫性。

主题：5 封邮件中的第 5 封：最后的呼吁

正文：

这个星期，我一直在谈论我的"专家秘诀"课程，以及你可以怎样获得一张免费门票。

需要提醒的是，这次的特别优惠，今天就将截止。

是的，如果你明天才看到这封电子邮件，那我向你说声对不起，因为到那时，已经太晚了。如果你打算稍晚的时候再参加这个培训班，你必须至少支付 300 美元，而且我不确定到时候，我会不会把门票的价格恢复到 3 000 美元的原价。

但是，如果你想接受我的“在购买之前先试一试”的邀请，那么，在你还没有花一毛钱之前，可以先体验 5.5 小时的正式培训。

现在，你可以登录网址，尽快拿到你的门票了。网址是：www.ExpertSecrets.com/freeaccess。

我已经提醒过你了——我不想明天收到你怪我没提醒你的投诉邮件。

所以，去拿你的门票吧，咱们明天培训班上见。

谢谢你！

拉塞尔·布伦森

肥皂剧序列正是这样：第 1 封邮件将读者带入到第 2 封邮件；第 2 封邮件将读者带入到第 3 封邮件，依次类推。

这些邮件，应当易于阅读，便于快速浏览。因此，每一行只写一两个句子。预留大量空白。不要使用太长的段落，那会降低阅读速度。我喜欢首先把基本的结构要素写下来，然后再填入具体的细节和情感上的吸引。

你也许在示例的邮件中还注意到了其他一些东西。首先，我使用了大量的个性特征。这是在向读者介绍我的魅力角色，我希望人们喜欢上我，并且从邮件中获得乐趣。我不想隐瞒我是什么样的人。

其次，你可能还注意到，我的邮件中有一些语法错误（为便于阅读，译者已经纠正了那些错误。——译者注）。为什么我不纠正它们？要记住，你的魅力角色需要瑕疵，这样人们才能产生共鸣。你的邮件也要如此。

我并不是说，你要有目的地加入那些错误，而是说，如果它们发生了，别太害怕。别害怕犯错，这会导致你到最后连一封邮件都不敢发出去。

使用肥皂剧序列后，你将为自己获得的成功之大而感到吃惊：既在一开始的时候就大获全胜，又让你在继续发送邮件的过程中，获得持续的成功。为了让你更容易熟悉这个窍门，我定制了“肥皂剧电子邮件模板”，你可以从网上下载，然后反复使用。有了这个模板，你便不会忘记任何重要的要素，而且你在撰写邮件时，将节省大量时间。

下载请登录以下网址：www.DotComSecretsBook.com/resources/soaptemplate。

秘诀 8

“宋飞邮件”：别跟客户讲什么正经事

罗素（美国全国广播公司高管）：那么，你们两位提出了什么？

杰瑞：嗯，我们在用各种各样的方式思考。但基本的想法是，我会自己演。

乔治：（插话）我能说句话吗？

杰瑞：说吧。

乔治：我觉得，我可以用一个词来概括这个节目：什么都没有（Nothing）。

拉塞尔：什么都没有？

乔治：（微笑）是的，什么都没有。

拉塞尔：（无动于衷的样子）什么意思？

乔治：这个节目什么都没有。

杰瑞：（对乔治说）不，它不是什么都没有。

乔治：（对杰瑞说）不，它真的什么都没有。

杰瑞：嗯，也许在哲学上，确实什么都没有。但是，即使什么都没有，也还是有些东西的。

（杰瑞和乔治怒目而视。前台接待员苏珊进来了。）

苏珊：前提是什么？

杰瑞：嗯，如我所说的那样，我会自己来演，就像生活在纽约的喜剧演员那样，我有一位朋友、一位邻居和一个前女友，这些全都是真的。

乔治：耶，但在节目中，什么事情也没发生。你瞧，它就像生活一样。你知道的，你吃饭，你逛街，你看书；你再吃饭，你再看书，你再逛街……

拉塞尔：你看书？你在节目中看书？

杰瑞：嗯，我不知道看书的事情。我们不讨论看书。

拉塞尔：好的，告诉我，告诉我那些故事，那是哪种类型的故事？

乔治：噢，不。没有故事。

拉塞尔：没有故事？那是什么？

乔治：（出示一个例子）你今天做了什么？

拉塞尔：我起床后，就来上班了。

乔治：生活中到处都是节目。

拉塞尔：（感到疑惑）那怎么会是节目？

杰瑞：嗯，是这样，也许在上班的路上发生些什么事情。

乔治：不，不，不，什么都没有发生。

杰瑞：嗯，发生了一些事情。

拉塞尔：嗯，我为什么要看？

乔治：因为是电视上演的。

拉塞尔：（威胁着说）还没有演。

乔治：好的，瞧，如果你只想继续做同样的那些事情，也许这个主意对你来说没用。首先，我是不会破坏我的艺术完整性的。我会告诉你一些别的事情。这是节目，我们会改编它。（转向杰瑞）对吗？

每日“宋飞邮件”

于是，我开始把邮件从 100% 的干货，削减到 90% 的娱乐和 10% 的干货。这样改变之后，打开邮件、购买我的产品和服务的人们竟然迅速增加了！

以上是我一直以来最喜欢的电视剧《宋飞正传》（*Seinfeld*）中的一段对话。在那个情节中，乔治和杰瑞试图向美国广播公司宣传他们的创意：拍摄一部“什么都没有”的电视剧。那很有趣，因为《宋飞正传》实际上就是一部什么都没有的电视剧。

当我第一次扩充邮件列表发送邮件时，我觉得这一切太难了。我得说些什么足够重要的话，好让人们想打开邮件并读下去？我开始着重写出精彩的、内容丰富的邮件，那通常要花几天时间。我觉得，那便是答案。

但后来我发现，即使受众接受我的肥皂剧序列，并与我的魅力角色建立联系，仍然不会响应邮件中的内容。事实上，读者根本不会对邮件予以响应。

于是，我开始把邮件从 100% 的干货，削减到 90% 的娱乐和 10% 的干货。这样改变之后，打开邮件、购买我的产品和服务的人们竟然迅速增加了！

也就是说，**你要让你的魅力角色有趣或搞笑**。你得以那样的方式，每天写一封“宋飞邮件”。我建议你每天给他们发送邮件，直到你的第一个肥皂剧序列结束。

我知道，许多人十分纠结于发送邮件的频率。我也曾经这样。以前，我常常每月发一封邮件，但回复率很差。后来，我变成每个月发两封。

你猜怎样？我的收入翻了一倍多。然后，我决定每周发一封，然后每周发两封，然后又改成每天都发。现在我发现，如果我不每天发送邮件的话，那就每天都会损失收入。我强烈建议你每天都发邮件。相信我，如果你真的撰写这种“宋飞邮件”的话，读者并不会烦，因为他们可以从中获得乐趣。

“宋飞邮件”需要多一些娱乐性，只谈魅力角色的日常生活。

在魅力角色的生活中，发生了什么事情？

有尴尬的事情发生了么？那是什么？

他是怎么度过假期的？

他打算今年到哪里度假？

他最近购买了什么让他后悔的东西？

他最近购买了什么让他高兴的东西？

他昨天为什么暴跳如雷？那件事，今天又怎么让他开怀大笑？

他的孩子或者小狗，昨天有哪些疯狂古怪的行为？

他遇到过哪些有趣的事？笑过之后，他从中获得了什么教训？

所谓“宋飞邮件”，就是什么正经事也不讲，只有随机的情景和好玩的故事。但有一点你要注意：它们都是有目的的。目的是把人们引到你销售的产品或服务上去：可能是你的核心产品或服务，也可能是其他的产品或服务，甚至可能是别人的产品。每个故事，都需要联系到你正在销售的东西上去。

那就是秘诀。你得靠那种方法赚钱。

如果你只是发送有趣的邮件，并没有与产品或服务联系起来，那你赚不到一分钱。即使你是世界上最会讲故事的人也不例外。每一封邮件以及每一个故事，都必须让你的受众能够想起某种类型的产品或服务。

让我们看两个例子，在这两个例子中，我的“宋飞邮件”就将故事与产品联系起来了。这两个例子，各让我赚到超过 10 万美元。但毫无疑问，它们什么正经事也没讲。

“宋飞邮件”示例 1

主题：[真实的故事] 他今天把 2 000 万美元冲进了马桶

正文：

昨天我讲到，有个家伙申请加入我的 Ignite 项目。

我看到他的 App 大获成功，真的非常为他开心，因为他选择了高尔夫市场。

我不太了解高尔夫市场，但有许多朋友热衷于它。他们在线上的高尔夫市场中赚到了 2 000 多万美元。

我看了他的产品，并且知道那会非常赚钱。

我们公司的教练在给他回电话之前，先征求了一下我的意见。我思考了 10 分钟之久，然后写下了这些分析：

- 他的主要竞争网站有 3 家；
- 每一家竞争网站，都已成功购买网站流量；
- 他需要针对每一位竞争对手，各写 3 条顶级的广告语；
- 销售漏斗正在形成，对他来说，这不是大问题。

随后，我向那位教练提了两个媒体客户，如果我在高尔夫市场中竞争的话，就会选择这两个客户（他们每天都可以成交 1 000 单交易，而且连续不断）。

有了这些信息，教练打电话给那个人。

他有点自大（他也有理由这样，毕竟，他的产品在电视上的销量超过 10 万件）。

然而，出于某些原因，他并没有搞懂这件麻烦的、涉及互联网的事情。

教练开始和他分享一些我的观点，然后，他打断了她。

“瞧，我读过 20 本关于互联网营销的书，拉塞尔能够教我的任何一件事情，我都已经知道了。”

教练试图解释：“你可能读过一百万本关于柔术的书，但是假如你被卷入了一场街头斗殴，那些书帮不上你的忙。”

我觉得那太有趣了，但接下来发生的事情，就有点悲伤。

他说道：“呃，拉塞尔根本不了解高尔夫！”然后，他挂断了电话。

虽然他说得很对，我根本不了解高尔夫，一点都不了解。

但我十分了解怎样在线上销售高尔夫培训课程。

我做这一行，已经超过 10 年之久。在博伊西的办公室，我个人为 2 500 多家公司进行过培训。

我和许多高尔夫球员合作过，包括一名女孩；我和自己可以想到的每一个市场中的人们合作过，除了保龄球之外。

从来没人教过我打保龄球。那让我伤心，因为保龄球是仅次于摔跤和柔术之后，我第三喜欢的运动。

不管怎样……

对于可以想到的几乎任何一件事情，我都会勾勒一个漏斗，向客户解释，他们哪些事情做得不对，应该把他们介绍给哪些媒体客户，应当从哪些网站上购买广告，并告诫他们应当把支出用在特定市场中以获取客户。

随后，我通常会把客户介绍给我认识的、那些领域中的专家。

在详细布道丹·肯尼迪的理论 6 年之后，我认识了绝大多数行业中的大部分专家。

而我在业界的地位，使我很容易和他们联系上。

那些事情，是你不可能从书本中学到的。

那些事情，是我们为 Ignite 项目的参与者准备的。

对于那些参与者，我的目的不是教他们更多的东西，而是让他们赚更多钱。

不管怎样，如果你有一件高尔夫产品，请让我知道，因为我已掌握一份杀手级的、价值 2 000 万美元 / 年的蓝图。

而有个伙计，他因为傲慢（或者无知），把这份蓝图冲进了马桶。

不论是从哪个方面来看，他都输掉了。

而你，可以继续跟我合作，执行这一蓝图。

或者，你可以销售几乎任何其他的产品或服务，我也乐意为你提供帮助。

我们接下来的 Ignite 项目大会，将于 5 月份在博伊西召开。如果你想参加，可得动作快一点。

申请网址：http://Ignite.DotComSecretes.com。

哦，忘了告诉你，我们只接受很酷的人。如果你打算把钱冲进马桶，拜托，请不要申请。

谢谢你！

拉塞尔·布伦森

“宋飞邮件”示例 2

主题：柔术是年龄大的肥胖人士的摔跤运动（及一些营销方法）

正文：

明天，我将参加一场柔术比赛。

对于不太懂柔术的人，柔术就相当于年龄大的肥胖人士的摔跤运动（这对我来说真是太好了，因为尽管我依然看起来像 13 岁，但实际上比我摔跤那会儿老得多——现年 34 岁，也胖了 13 千克。)。

不管怎样，几个钟头以后，我得去称体重了。而我知道的事实是，我超出参赛标准大约 3 千克。

好消息是，我曾是一名摔跤选手，掌握了一些非常厉害的减重方法。事实上，我今天早晨发现，我有一件旧衣服，可以用来减轻重量。

没错，这衣服有点紧，但我 3 岁的孩子告诉我，我看起来像一名日本武士。因此，这件衣服也还算不错，对不对？

无论怎样，在大约 1 个钟头以后，我将走进摔跤房，而在大约 30 到 40 分钟里，减掉 3 千克。

接下来，也就是明天，我将踏上垫子，和一帮比我更年轻、更敏捷的柔术选手一决高下，他们这些人，唯一的目标是把我死死勒住（或者摔断我的胳膊，不知道哪一样先来）。

我真是太、太、太、太、太兴奋了！

我为什么跟你讲这些？

因为就在这个星期，我们的销量突破了六位数。

不是这个月，是这个星期。

而且，我们没有推出任何产品。

也没有任何商家加盟。

尽管这个星期对我们来说十分平常，但也非常特别，因为我们在实际上并没有上班的情况下，实现了如此优异的业绩！

我像不像一名武士？

真不错！

你猜到了！这个星期的大部分时间，我都在柔术房里训练，准备周末的柔术比赛。

然而，尽管我不上班，我们依然做到了六位数的销量。

你想知道我怎么做的吗？

你想知道怎样创办一家公司，并做到你在与不在的时候，都能保持正常运转吗？

你已经准备好带领你的公司更上一层楼吗？

如果是，我这有一条好消息……

只要我在周末的比赛中不被对手打进医院，我下个星期就会回办公室上班。

那我就有时间单独帮助两个人构建他们的销售漏斗了。销售漏斗的类型，与我们用来在一个星期内将销量推到六位数时所用的完全一样。

如果你打算让业务做得更好，并且将公司打造成一流的公司，让你有时间自由地做你喜欢的事，那么，让我们接通电话，讨论一下可以怎样合作吧。

听起来是不是很好？如果你觉得是的，那么，你可以进入下面这个网站申请：http://Ignite.DotComSecrets.com。

哦，如果你在寻找一夜暴富计划，这就不适合你了。

如果你在寻找“努力工作并创办一流公司”的计划，那么，找我就对了！

好了，我得去减体重了……

愿我周末的时候好运！

谢谢你！

拉塞尔·布伦森

附：我知道，要在 1 小时内减去 3 千克，并不健康，因此，不要给我发邮件说那不健康。

我十分确定的是，一个超重 3 千克的人去搞柔术，比在 1 小时内减去 3 千克更不健康！哈哈哈哈哈！

你看懂“宋飞邮件”是怎么回事了吗？你是不是发现，这些故事最后是怎样与某件产品联系起来的？

那正是你的魅力角色在肥皂剧序列之后，每天一封邮件与受众沟通的方式。这很有趣。一旦你熟练掌握了这种方法，写邮件就变得很快。你甚至可以口述邮件内容，用手机录下来，然后发给你的助手，让其听录音写邮件。

在这里，我要提醒一件事，这些是可供订阅的广播电子邮件，并不是自动回复邮件。

被设置成自动回复的邮件意味着，受众订阅之后，他们第一天会自动收到第一封邮件，第二天自动接到第二封等。

“宋飞邮件”与这些邮件都不同。受众进入你的肥皂剧序列之后，应当被转移到一个广播列表中，在那里，他们只会在你发出“宋飞邮件”的当天收到它。一般来讲，“宋飞邮件”并不是以每个人都必须经历的相同次序来排列的。

但尽管如此，你也可以事先写好它们，然后在正确的时间发送。但一般情况下，邮件内容应与魅力角色生活中发生的事情密切相关。

最后，把你的邮件放到博客上。这有双重用途。人们常常问我，应当在博客上写些什么？我总是告诉他们，只要把他们每天的“宋飞邮件”复制粘贴即可。

有了这些邮件作为博客内容，博客便能迅速地、容易地、持续地把人们引到销售业务中来。

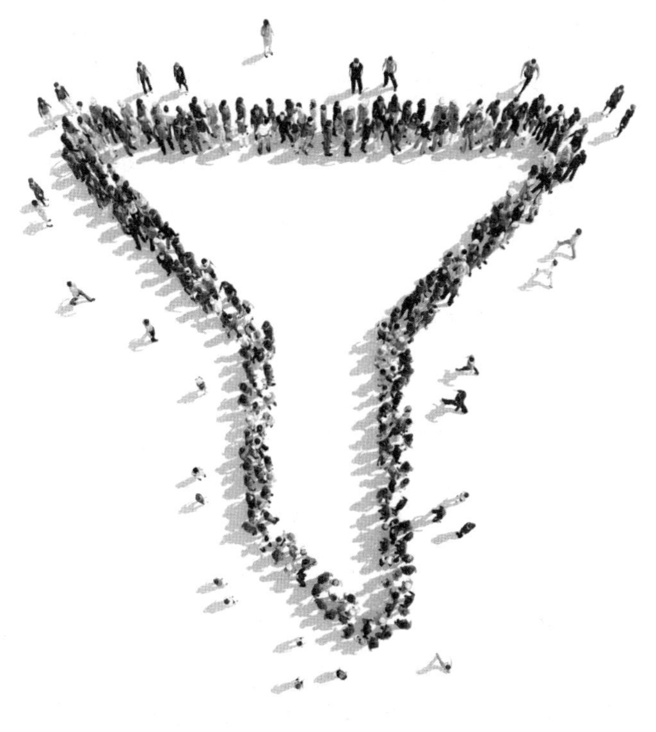

第3部分

销售漏斗：培养忠诚度，让客户围着你转

营业收入六位数、七位数、八位数的公司之间，有什么区别？不在于公司类型、网站流量、销售文案，而是在于你是否理解了销售漏斗的各个阶段，是否能够成功地在不同阶段实现盈利，即你需要知道潜在客户会点击的第一个页面是什么，第二个页面是什么，以及他在与公司互动时的一切体验。

秘诀 9

逆向工程：最好的创造，从模仿开始

在构建新的销售漏斗之前，首先要做的，是寻找那些已经构建成功的漏斗和目标市场中的竞争者。如果找不到这些公司或个人，我不会继续下去。但如果我可以找到竞争对手（那些已经成功地向梦幻客户展开销售的人），那么，就可以对他们正在做的事情，进行逆向工程（又称逆向技术，是一种产品设计技术再现过程。即对一项目标产品进行逆向分析及研究，从而演绎并得出该产品的处理流程、组织结构、功能特性及技术规格等设计要素，以制作出功能相近、又不完全一样的产品。——译者注），并且推测他们从什么地方获取网站流量。

互联网上有许多教人们以各种方式赚取网站流量的大师，而且，似乎每天都有新的方法或秘诀弹窗蹦出来。我只关注一种真正的策略。我喜欢去探究什么地方已经产生了网站流量，然后观察那些网站流量，并采取一些迂回手段，将流量引到我的网站。

本章将向你展示，怎样对竞争对手的销售漏斗进行逆向工程。你将学会怎么了解竞争对手正在做什么、他们的网站流量来自什么地方，以及怎样将他们的网站流量转变成你的网站流量。

为什么有些网站总能脱颖而出、流量惊人？

对现有网站流量进行逆向工程的 5 个步骤，是理解任何一场成功的线上活动的 5 个要素。我一定要知道这 5 个要素中的 4 个之后，才会开始构建销售漏斗。如果有两个是未知的，那我绝不会动手。此外，如果什么事情不对头，我也会从这 5 个要素中寻找原因。

- 人口统计学资料
- 产品与服务
- 着陆页
- 网站流量来源
- 广告语

让我们一一分析它们，以便你能更清楚我在讲什么。

人口统计学资料 人口统计学资料包含梦幻客户的所有特征。人口统计学资料定义了谁属于目标群体，谁不属于。我们谈论的是区分因子，如年龄、性别、受教育程度、地理位置、收入水平、种族、语言、政治派别等。包括你可以想到的、你希望自己的营销信息接触到的人们的所有特征。

例如，我们的营养补充公司的客户，其人口统计学资料是年龄较大的男性和女性。培训公司客户的主要人口统计学特征是，年收入介于 100 万到 300 万美元的企业家。

如果我把产品和服务发送给错误的客户，那注定会失败。如果我把摔跤中的营养补充产品，推销给年龄较大且患有糖尿病的人们，他们肯定不会购买。因此，我们得明确掌握正确的人口统计学资料。一旦你知道了竞争对手正在追寻的客户的人口统计学资料，就很容易知道你的客户是谁了。

我第一次推销营养补充业务时，根本不知道梦幻客户是谁，也不知道从

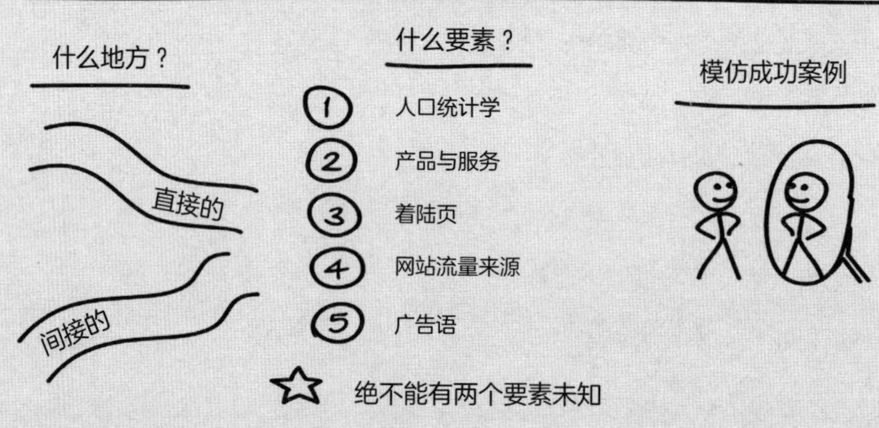

我只关注一种真正的策略。我喜欢去探究什么地方已经产生了网站流量，然后观察那些网站流量，并采取一些迂回手段，将流量引到我的网站。

哪里寻找网站流量。因此，我和我的团队对市场上与我们类似的营养补充公司进行了逆向工程，结果很快发现了竞争对手投放广告的渠道。我们发现，他们把广告发布在糖尿病网站上（我们以前并不知道，营养补充产品在这个细分市场也有受众）。

后来，我们在生活网站、自然养生网站上，也看到了竞争对手的广告。通过进一步研究和挖掘竞争对手的信息，我们找到了全新的天地，里面充满各种商机。找到新客户后，我们在两个多月里，轻松扩大了销售规模，月营业额从 2 万美元发展到了现在的 50 多万美元。很酷，是吧？

当你掌握了梦幻客户的人口统计学特征，便知道了目标市场在哪里，以及客户可能聚集在互联网的哪个角落。你会知道他们登录了哪些网站，喜欢到哪里聊天。一旦你知道了这些信息，便能非常容易地迅速扩大产品与服务的规模，壮大你的企业。

产品与服务　产品与服务指的是你在销售什么、以什么样的价格销售。包括你的向上销售和向下销售。当我想搞清楚成功的竞争对手在销售什么样的产品与服务时，会先花钱买一些样本。记住，竞争对手的第一款产品或服务，也许并不是他们的主要产品与服务，更有可能是吸引潜在客户的产品与服务。第一款产品或服务，好比冰山一角，在本阶段，我们要做的就是发现那一整座冰山。

在研究竞争对手时，我会点击他们的网站，买下他们提供的所有东西。我会花上数百美元来研究他们的产品与服务以及销售漏斗。而且，我会仔细地记笔记。这是至关重要的竞争性分析。我想准确地知道他们在卖什么、怎么卖，他们提供的每一款产品都到了销售漏斗的什么位置。销售视频有几个版本？我收到了怎样的电子邮件？收到多少封？他们是在每一封电子邮件中推销，还是只在一些邮件中推销？我知道得越多，获得成功的机会就越大。

着陆页　这是人们点击了某个广告之后会显示出来的页面。我相信，着陆页是整个销售漏斗中最重要的部分。竞争对手的着陆页是怎样的？它是"选择加入”页面，还是一个销售页面？对正在看这个页面的人来说，它管用吗？

我不会去拼凑自己的着陆页，然后寄希望它管用。我会对那些已经证明管用的着陆页进行逆向工程，并在创建自己的着陆页时模仿它们。我会创建与已经成功的着陆页非常类似的页面。

说到底，就是模仿已经被证实管用的东西。太多人会随机地创建他们认为不错的页面，而根本不研究，在他们的细分市场中哪些网站是成功的。这让人备感吃惊。然后，他们又想不通为什么自己赚不到钱。因为没有遵循已经得到证明的模式啊！

我记得，在我第一次听安东尼·罗宾的演讲时，他强调，如果你想在人生的任何一个阶段获得成功，就得寻找那些已经在做你想做的事情的人们，然后模仿他们。构建新的销售漏斗时，真的就是这个道理。你得模仿管用的漏斗，不要企图重新发明，这就是秘诀。你得将别人数十年的艰辛浓缩起来，变成只需你花一天时间和精力去学习的东西。

找到已经成功做过你想做的事情的人，然后依葫芦画瓢。在这个基础上，你可以调整自己的销售漏斗，测试它，并且在你赚到钱后改进它。

网站流量来源　竞争对手的网站流量从何而来？竞争对手在哪些特定网站上投放广告？网站流量来自横幅广告、社交媒体广告，还是电子邮件？他们主要使用视频广告还是文字广告？

不要以为你需要制造网站流量。网站流量已经在那里了。你只需要找到它、利用它、将它们引导到你的产品和服务上来。

后文中，我会介绍一些很酷的工具和方法，帮助你们寻找竞争对手的网站流量究竟来自何处，以便轻松地将流量带到你的产品和服务上来。

广告语　这是成功广告活动的最后一个要素。成功的广告看起来是什么样子？是什么使得网友点击那个广告？是什么诱使潜在客户点击竞争对手的广告？竞争对手使用了什么图片？他们的标题是怎样的？正文又是什么样子？竞争对手制作了产品视频吗？

所有这些事情，都会影响人们是否点击广告。

记住，网站流量由真实的人组成。你可以一一说服他们，但可能要花几个月甚至几年时间。如果盲目地修改和调整你的方法，试图自己创造奇迹，那是浪费时间。寻找已经管用的方法，并且模仿它们。然后，一旦你已经拥有了可预见的稳定收入，就可以再进行 A/B 测试，进一步优化你的广告。

逆向工程的成败，取决于能否找到竞争对手的这 5 个要素。遗憾的是，总有些时候，你找不齐它们。我已经十分擅长逆向工程了，但有些时候，还是找不齐所有的横幅广告，或者不太确定梦幻客户所有的人口统计学特征。

只有一个要素不知道或不确定，尽管不是太好，但你往往也能猜个八九不离十。但如果有两个要素未知的话，我可能就不会进入那个市场。在推出产品与服务、着陆页和广告之前，我会尽可能多地搜集数据。如果有两个要素未知，绝不要向前推进。继续深入挖掘，继续深入研究，直到找到一个明确的利基市场。在那里，你将发现所需的所有数据，并成功盈利。

两个步骤，你的产品也能分分钟成爆品

现在，你已知道要在竞争对手的广告活动中寻找什么。下面，让我告诉你，怎样发掘所有这些很棒的信息。

步骤 1　你的竞争对手在哪里？

竞争对手的客户在哪里，你的客户就在哪里。但首先，你得观察竞争对手在哪里。你有两类竞争对手：直接的和间接的。直接的竞争对手是指销售的东西与你的产品和服务十分类似的个人或公司。在营养补充这一行业中，销售同一类型的营养补充产品的其他任何人，都是我的直接竞争对手。我和他们基本上都在努力把同样的东西卖给同样的人们。后面，我会进一步分析直接竞争对手。

还有些竞争对手是间接的。这些人或公司，尽管卖的东西和你不一样，你们却有同样的梦幻客户。研究间接竞争对手时，我往往能眼界大开。

记得有一次，我发现有一家做得不错的营养补充公司，正在对年龄稍大的梦幻客户出售减肥产品。他们是我的间接竞争对手，因为尽管我们在卖不同的产品（他们卖的是减肥的营养补充产品，我卖的是神经疼痛营养补充产品），但都在向具有同样人口统计学特征的梦幻客户推销。

我把这些间接竞争对手的网站，放到我即将向你们介绍的工具之中，这使得我对广告可以投放的地方以及广告的类型，都大大长了见识。这样的竞争性研究很好，可以为你带来新商机。在开始研究之前，你永远不知道这些商机的存在。

我找到的新的、能够盈利的网站，有的每个月收入数十美元，有时则创造上千美元。因此，你可能明白了，我为什么要花如此多的时间搜索这一被掩埋的金山。

第一步是把你的直接和间接竞争对手及其着陆页的URL（统一资源定位符，是对可以从互联网上得到的资源的位置和访问方法的一种简洁的表示，是互联网上标准资源的地址。——译者注）制成一个列表。如果你不知道竞争对手是谁，那么，只要登录谷歌，输入你希望人们在搜索你的时候输入的搜索短语。

假如你做的是减肥产品和服务，只要输入类似“怎样减肥”或者“迅速瘦身”就可以了。寻找付费广告（通常在搜索引擎的右侧），并点击那些广告。这能让你很好地了解你成功的竞争对手是谁。

现在，你掌握了竞争对手的URL，那么，找出他们已经在什么地方投了广告、投了什么广告以及正在什么地方获取流量，就是非常简单的事了。运用这种简单的策略，你将很快搞清楚每一位竞争对手的广告活动的所有5个要素。

步骤 2　竞争对手正在做什么？

在写作本书时，我最喜欢的一个网站叫作 SimilarWeb.com（SW，一款可以查看目标网站真实的网站参与、流量来源和网站排名信息的谷歌浏览器插件。——译者注）。由于我希望本书能够长期使用，所以专门制作了一段视频，告诉你们怎样使用 SW 这个网站。网址是 www.DotComSecretsBook.com/resources/similarweb。如果我的团队发现了我们更喜欢的软件，或者如果 SW 网站关闭了，我们会在那个页面上提供最新信息。

想弄清楚竞争对手在做什么，第一步是把竞争对手的网站的 URL 放到 SW 网站。为了举例，我将输入我最喜欢的网站来让你们观察（图 9.1）。

图 9.1　SW 网站能帮助你很快找出竞争对手的网站流量来源

从这里，我可以马上观察竞争对手正在使用哪些付费的网站流量来源。点击页面旁边的其他选项，你可以看到该网站访客的人口统计学特征。我还可以更深入地观察网站流量来源，以及广告在哪些网站中运行、网友什么时候看到它们以及每一条广告的运行时长。提示：广告运行时间长，说明广告在发挥作用（图 9.2）。

Traffic Sources

Show 10 entries

Publisher	Country	Category	Source	Prevelence	Duration	First Seen	Last Seen
kait8.com	United Kingdom	News, Portal & Search - Other	AdBlade	102	20	2014-08-09	2014-08-28
12newsnow.com	United Kingdom	News, Portal & Search - Other	AdBlade	88	20	2014-08-09	2014-08-28
wvva.com	United Kingdom	News, Portal & Search - Other	AdBlade	87	21	2014-08-08	2014-08-28
wset.com	United Kingdom	News, Portal & Search - Other	AdBlade	83	18	2014-08-11	2014-08-28
wtoc.com	United Kingdom	News, Portal & Search - Other	AdBlade	82	20	2014-08-09	2014-08-28
wkrn.com	United Kingdom	News, Portal & Search - Other	AdBlade	81	21	2014-08-08	2014-08-28
wave3.com	United Kingdom	News, Portal & Search - Other	AdBlade	80	18	2014-08-11	2014-08-28
kitv.com	United Kingdom	News, Portal & Search - Other	AdBlade	80	20	2014-08-09	2014-08-28
msnewsnow.com	United Kingdom	News, Portal & Search - Other	AdBlade	76	17	2014-08-12	2014-08-28
wrcbtv.com	United Kingdom	News, Portal & Search - Other	AdBlade	75	19	2014-08-10	2014-08-28

图 9.2　长期运行的广告，通常转化率较高，极具吸金能力

进一步挖掘，我可以观察到底是哪些横幅广告在发挥作用，以及促成销售转换的广告语有哪些（图 9.3）。

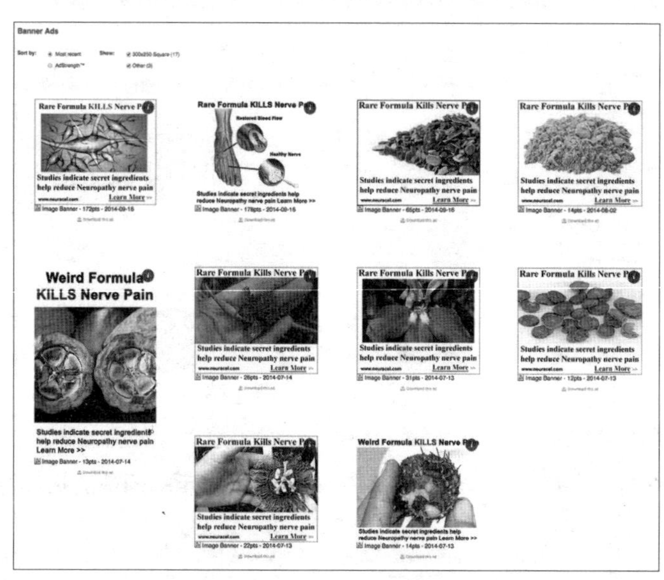

图 9.3　收集竞争对手的广告，并在制作你的广告时模仿它们

我还可以分析竞争对手将大部分的网站流量引向了哪些着陆页。你有没有发现，我在 5 分钟时间里，可以对竞争对手的广告活动了解得非常详细。

我前面已经说过，你要迅速抓住所有 5 个要素——人口统计学资料、产品与服务、着陆页、网站流量来源、广告语，这些都是不可或缺的。

最后一步，就是购买竞争对手的产品，以便观察向上销售和向下销售。这家公司向客户发送了什么邮件？第一次购买发生之后，会发生什么事情？掌握了这些信息后，你就万事俱备了。是时候着手在那个利基市场构建你的销售漏斗了。

是不是让你感到惊奇？严格意义上讲，你可以在不到 10 分钟内，对竞争对手所做的每一件事，进行逆向工程。只要把网址输入网站分析工具，找到竞争对手合作的网站，然后照做就够了：向客户出售他们已经表现出兴趣的产品或服务，重新引导他们，让他们购买你的产品！

秘诀 10

销售漏斗：营收百万与营收亿万公司的差别

营业收入六位数、七位数、八位数的公司之间有什么区别？我第一次从这个角度量化自己的公司时，觉得每跨过一个等级，必然会产生巨大的差别，但现实并非如此。在过去的 10 年左右，我的公司就是一步步跨过这些等级，逐渐壮大起来的，所以，我可以负责任地告诉你，重要的区别并不是你想象的那样。

重要的区别不在于你销售的产品，不在于公司的类型（线上公司或实体公司等），不在于网站流量，不在于销售文案，不在于转化率的高低，不在于推出产品的方法。但毫无疑问，所有这些全都十分重要。它们都是企业成功的重要因素，但并不是将大型、中型和小型公司区分开来的核心差别。

销售收入六位数、七位数、八位数的公司之间真正的差别，在于你是不是理解了销售漏斗的各个阶段，是不是能够成功地在不同阶段实现盈利。

将网站流量引流到某个网站前，我们需要知道潜在客户会点击的第一个页面是什么，需要搞清楚他点击的第二个页面的内容，以及他在与公司互动时的一切体验。我们需要谨慎设计每位客户都将经历的整个流程(或者漏斗)。而不同的客户，需要区别对待，需要采用不同的漏斗。

许多人喜欢谈论客户的终生价值，但我在这里不会探讨这个。我将探讨你带领客户经历的路径。我将着重关注每个步骤中的各个变量，并通过掌控它们，实现盈利最大化。

当然，在做好所有这些事情的同时，要与客户保持好关系，以便他们继续沿着你的价值阶梯向上攀登。一位潜在客户可能和我合作几分钟、几个小时或者几年。公司能实现多大利润，取决于我怎样管理每个和我产生联系的潜在客户的体验，不论他们与我合作的时间有多长。

不言而喻的是，你的目标是让潜在客户逗留的时间更长，成为常年客户或者重复客户。你可以把他们留得越久，他们就越有可能从你那里购买产品或服务。在整个流程中管理好他们的体验，才能把他们留在你的网站上。

我在销售漏斗中将客户的体验分解成 7 个阶段。在每个要点上，你可以测试、调整，使公司盈利，并将其发展到你想达到的等级。一旦你知道了这 7 个阶段，以及怎样最大限度地让潜在客户在这些要点上尽可能长时间地逗留，你的人生将从此改变！这多棒啊！

客户可以不懂，但你必须懂的消费心理学

在探讨销售漏斗的 7 个阶段前，你得理解预先框定（pre-frame）的概念。因为销售漏斗中的每一个阶段，都是下一个阶段的预先框定。这也是优化这些环节如此不可或缺的原因所在：不仅为了盈利，还是为了建立关系，使客户能够继续从你手中购买，因为你是他们认识和信任的人。

许多营销人员犯的一个大错误是 100% 地聚焦于短期的转换或者盈利。他们十分积极地销售，且只盯着眼前的销量，缺乏对客户的尊重。这一错误将损害你与客户的长期关系，而那种长期关系的价值，可能比初次购买产生的利润多出 10 倍。

神经语言学规划领域的专家，解释了很多关于利用预先框定获得期望结

销售漏斗的 7 个阶段

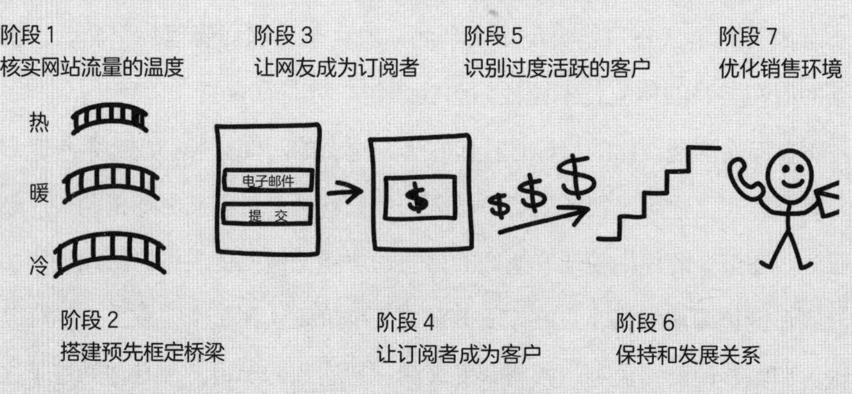

销售收入六位数、七位数、八位数的公司之间真正的差别，在于你是不是理解了销售漏斗的各个阶段，是不是能够成功地在不同阶段实现盈利。

果的知识。**预先框定是指，你在某人准备进入销售漏斗的下一环节时，施加给他的一种心理状态。**改变了思维框架和心态，客户便会改变其对某个人或某件事的态度或感觉。

事实上，人们时时刻刻都在这样做，只是没有意识到而已。例如，如果我想让老婆帮我一下，可能需要先说一些话，让她形成心理框架。我可能会这么说："哇，老婆，你今天看起来真漂亮！我很感激你今晚给孩子们做了这么多好吃的！我真的很感激你傍晚的时候和他们在一块玩！"然后，我可能会顺着那些话继续说下去："我只是有些好奇，如果今天晚上我和几个朋友出去小聚一下，你会不会介意呢？"由于我是从预先框定开始的，因此，老婆更有可能以我希望的方式来回答我。因为我在请她帮我之前，事先确定了一个积极的心理状态。

我的第一位互联网营销导师名叫马克·乔伊纳。我记得他曾说过，并非所有的点击都一模一样。他说那句话时，我深感迷茫，因为公司老板总是在谈论网站流量，以及怎样让更多人点击他们的网站，而并不关注某种特定类型的点击。

难道有哪种点击和别的点击不一样吗？接着，马克让我懂得，真正重要的是那些点击来自何处，以及网友在进入网站前，都经历了什么。他详细解释说："人们进入网站时的心理状态，可能就是你需要了解的最重要的事情。"

马克曾把我当作一个例子："假如某个网友说：'拉塞尔·布伦森是个骗子，他把我的钱骗走了，他不道德，谎话连篇，我不信任他。但我现在要点击这里去看看他的新产品。'你觉得，当他点击进去，看到你的产品时，会发生什么？"那种预先框定太讨厌了。那位网友可能不会喜欢我，而我也难以让他买下任何东西。

换个角度，如果某个网友说："拉塞尔是个不可思议的人。我有缘和他见过一面，我们交谈了一个小时，他教我的东西，改变了我的公司和我的人生。我的公司已经从零开始发展到现在，成为一家年营业收入高达百万美元的公司。我现在要点击这里，看一看他的新产品。”这样，在我的网站上将那位潜在客户转换成客户的可能性就大得多。

如果网友在进入我的网站时，有一个良好的预先框定，那我就可以卖更多东西给他们。他们进入网站时的心理预设，彻底改变了在后面可能发生的事情。因此，秘诀是想办法控制网友在点击时的心理预设。

我读过由奥瑞·布莱福曼（OriBrafman）和罗姆·布莱福曼（Rom Brafman）所著的《摇摆：难以抗拒的非理性》（*Sway: The Irresistible Pull of Irrational Behavior*）。该书描述了一项发生在麻省理工学院的极有意思的研究，研究展示了行动中的预先框定原则。

作者们是这样描述的：有一天，老师告诉某经济系的 70 名学生，他们当天将由一位替补教授来上课。由于这位教授是新来的，每位学生都要看一段关于新教授的简要介绍。给学生看的这段介绍，除了一个短语不同外，其他内容一模一样。介绍中表扬了这位教授在经济学中的研究成果，列举了许多不可思议的成就。但其中，有一半学生收到的介绍，将教授描述为“是个非常温暖的人”，另一半学生收到的介绍，将教授描述为“是个相当冷漠的人”。其他的介绍都完全相同，除了这唯一的区别。

上完课后，研究人员要求每位学生填写一份调查，评估他们对新教授的喜爱程度。结果，那些拿到“温暖”版本介绍的学生们说，他们喜欢新来的教授。他们说他性格好、为别人着想、善于交际。那些拿到“冷漠”版本介绍的学生们说，他们根本不喜欢新来的教授。他们说他以自我为中心、正儿八经、脾气暴躁，并且冷酷无情。

所有这些学生，全都坐在同一间教室听同一位老师讲同一节课，但预先框定改变了他们对亲身经历的感知。这项研究，正是预先框定发挥作用的绝好例子。

怎样为你的展示做好预先框定，以追求更大销量？我第一次见识这一概念发挥作用，要追溯到我在互联网营销活动上发表的演讲。活动的协调者邀请我做演讲，并允许我在演讲结束后销售我的产品。显然，我想卖出更多产品，因此，我精心设计我的演讲内容，以便让观众获得最大价值。每个月，我会环游全国，发表一两次演讲。通常情况下，我会测试不同的演讲词，看看人们对哪种方法的响应最积极。

有一场活动让我印象深刻。我当时与一位经验丰富的活动宣传者阿曼德·莫林（Armand Morin）合作，他在全世界各地举办过许多活动。阿曼德还是当时世界上最优秀的舞台主持人之一。他悄悄跟我说，我在活动上能赚多少钱，只有一个决定性因素："全在于我怎样介绍你。"

阿曼德让我回顾我最近举行的 10 场或 15 场活动，回忆我在那些活动中卖出了多少产品。"你再回忆一下，在你上台之前，主持人是怎么介绍你的。许多主持人表现得太差。他们走上舞台，说些这样的话：'嘿，这位是拉塞尔。他很出色，将教你们一件很酷的事情。请大家鼓掌。'"主持人这样介绍的时候，销量通常很平淡。

但阿曼德为我精心构思了介绍词，预先透露我作为演讲者的可信度，并让观众做好从我这里购买产品和服务的准备。由于运用了这一简单的策略，他主持过的很多活动都非常成功。

阿曼德的建议确实很有意思。当我紧跟着他的介绍上台演讲时，我卖出的产品确实比任何其他讲座上卖出的都多。在后来的活动中，我开始留意主持人介绍我时，台下观众的反应。非常确定的是，如果介绍平淡无奇，没有启发性，现场的气氛会一下子冷淡下来。所有的一切都变得不同，而这终将影响到我的销量。

于是，我决定自己把握预先框定。我不想冒主持人把事情搞砸的风险。因此，我制作了一段 3 分钟视频。视频的开头是安东尼·罗宾在推荐我，然后简要概括了我的几个成功故事，包含其他人的证明，他们说我是一个很不错的人，可以为大家带来许多价值。在我上台之前，我会让主持人播放那段视频。视频刚一播放完，我直接走上台。

那段视频就是预先框定，由于我亲自掌控了预先框定，几乎每次我演讲的时候，相比从前，销量都稳定增加。很酷，是不是？如果你参加的活动也是先演讲后销售，可以试一试这种方法。你会感激我的。

现在，你理解了预先框定，那么，我打赌你也会喜欢销售漏斗的 7 个阶段，你会发现它们到底有多么强大。

从偶然访客到忠实“粉丝”

许多线上营销培训会首先教你在着陆页上转换客户。他们会向你展示，怎样用多种方式设计对比测试，怎样调整产品、服务和销售漏斗。但我发现，在网友访问着陆页之前，有 3 个关键步骤会对你的客户转换产生巨大影响。

此外，在网友离开着陆页之后，也有几个步骤对你的转换以及利润产生重大影响。如果你理解了销售漏斗的所有 7 个阶段，即使没有任何其他网站流量或调整，公司业绩也可能呈现爆炸式增长。现在，让我们逐一分析这些阶段。

阶段 1　核实网站流量的温度

阶段 1 是在网友点击你的网站之前，先检查他们的心态，或者说，核实网站流量的温度。你以前可能没想过这一点，但进入网站的流量，其温度通常分为三个等级：热、暖、冷。这三种类型的网友，每一种都需要特别对待，并且进行个性化沟通。每一种类型的网友都要跨越不同的桥梁和纽带，抵达你的着陆页。这取决于你怎样吸引网站流量，还可能意味着你需要三个不同的着陆页。相信我，在确定这些细节时，多花一些时间是值得的。

吉恩·施瓦茨（Gene Schwartz）的话帮助我理解了怎样对比热、暖、冷的网站流量，以及必须采取怎样不同的方法与每种类型的网友沟通。

如果你的潜在客户知道你的产品，意识到它可以满足自己的愿望，那么，你的标题需要用产品开头。

如果你的潜在客户不知道你的产品，只知道自己的愿望是什么，那么，你的标题以愿望开头。

如果你的潜在客户还不知道自己真正在寻求什么，只是担心一个普遍存在的问题，那么，你的标题以那个问题开头，并将它明确到某种特定的需要之中。

你得搞清楚，在图 10.1 的连续状态中，你的潜在客户处在哪个阶段：知道产品、知道愿望，还是知道问题。他们所处的阶段，决定着网站流量的温度。

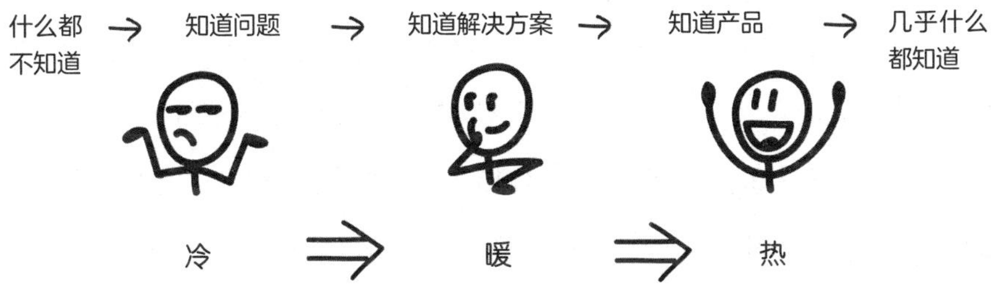

图 10.1　根据潜在客户所处的阶段，构思你的广告语

如果你的网站流量是冷的，意味着他们可能知道自己存在的问题，却不知道解决方案。对于这些人，你的广告语得聚焦于问题，因为那是他们清楚知道的东西。

从你的博客转化过来的流量，可能知道解决办法，因为你在博文中已经介绍了。因此，对这种类型的网友，你的广告语要聚焦于解决办法。来自邮件列表中的热的网站流量，可能已经知道你以及你的产品，因此，可能最清楚你的产品，对基于产品的广告语响应最热烈。

热的网站流量由已经知道你是什么人的网友组成。他们已加入你的邮件列表、订阅你的播客、阅读你的博客，也就是说，你已与他们建立了关系。你要把这些人当成朋友来交谈，因为他们就是你的朋友。你要使用基于个性的沟通方法。给他们讲故事、分享你的见解，让他们稍稍知晓你的个人生活。还记得“宋飞邮件”吗？由于我有热的网站流量，因此，那些“宋飞邮件”给我带来了 10 万美元的收入，而且，我知道怎么和他们交谈。

暖的网站流量包含那些并不认识你的人们，但他们与你认识的某个人已经建立了关系。这就是合资合作能够发挥作用的时候。子公司负责人或者联营伙伴与他们的邮件列表客户建立了较好的关系，可以向其订阅者推荐你或你的产品。他们可以将自己的可信度转借给你，使他们的追随者很自然地查看你的产品与服务，不会有太多怀疑。

几十年来，直邮广告公司一直在使用预先框定原则。不同的公司有其专属的邮件列表。有时候，一家公司可能会为推荐别人的产品而寄出销售信件。正如今天的合资公司一样，这些公司通常与产品提供方平分利润。

为了实现积极的预先框定，拥有邮件列表的公司会添加所谓的推荐信。这只是一张个人的便条，好比说：“嘿，我喜欢这件产品。我推荐它。这家公司很不错，如果你从他们那里订购，你不会后悔的。”推荐信戏剧性地增强了人们的响应，因为收信人与写信人建立了某种关系，或者，由于写信人的推荐，读信人与信件中被推荐的公司建立了某种关系。

好的预先框定，可以使页面的转换像疯了一样，但当你企图转换冷的网站流量时，往往只会失败。

冷的网站流量由那些根本不知道你是谁的人组成。他们不知道你的产品或服务，不知道是否可以信任你。这些人是你在 Facebook 等社交网站上找来的人，或者是点击了你的点击付费广告，也许他们只是偶然间看到了你的博客。更有可能，他们是你以某种方式购买来的。但不管怎样，重要的是正确地对他们进行预先框定，以便你的投资能带来最高回报。

第一步是搞清楚你的网站流量的温度，以便搭建正确的预先框定桥梁。

阶段 2 搭建预先框定桥梁

阶段 2 是搭建你的预先框定桥梁。这也许是一条点击付费广告，也许是电子邮件或一篇博文，也许是 YouTube 上的一段视频。它是在人们进入到你的着陆页之前，对其进行预先框定的桥梁。不同类型的网站流量，需要不同的桥梁。

热的网站流量桥梁通常很短。你已经与这些人建立了关系，不必再花很多工夫去建立信任或者进行预先框定。你也许可以向他们发送一封短邮件，里面包含一个通向着陆页的链接。你也可以写一篇博文，或者录一段视频，鼓励人们关注你的产品或服务。这些人将听从你的建议，因为他们已经认识、喜欢和信任你。

暖的网站流量桥梁比热的网站流量桥梁长一些，但不会长太多。网站流量需要的只是一位他们信任的人提供的简短推荐便条。接下来，他们就会处于正向的思维框架之中，可以去着陆页了。这时，需要一封联营伙伴的推荐信或者他个人的电子邮件。这一桥梁可以是一封邮件，也可以是视频、文章，或者与邮件列表所有者（他们推荐你和你的产品）进行的某些其他沟通。

冷的网站流量桥梁是线上营销的必杀技。如果你真的想要逐步发展壮大公司，必须学会转换冷的网站流量。我认识的许多人，他们会像疯了一样转换自己列表或合伙人的列表中的人们，但就是学不会这种技能。如果你学会了这种技能，也就是转换冷的网站流量，那就掌握了年销售额达七位数、八位数甚至九位数的企业的发展秘诀。

冷的网站流量桥梁最长。你得做一些准备工作，使得潜在客户在点击着陆页之前，就进入一种期望的心理框架。让我来详细解释。

以美食广场为例。假设你走到在快餐店外排队的食客面前，告诉他们：“嗨，我在销售这件产品，它将教你如何制作邮件列表，并把流量推到该产品上。它真的棒极了！你有兴趣买下它吗？”你觉得他们会说什么？首先，由于他们不认识你，所以，他们说“我有兴趣买”的可能性微乎其微。

除此之外，你在用一种他们甚至听不懂的语言在交流。那些陌生人甚至不知道你所说的列表是什么，流量又是什么。他们也许觉得，你在谈论高速公路的车流量。

这是一个巨大的错误，我经常看到各公司在犯这样的错误。他们用错误的语言探讨冷的网站流量，没有人会买他们的产品。为了纠正这个错误，你得使你的产品或服务更加“普通”，并使用人们能够理解的语言交流。

例如，我有一个会员网站，叫作 ListHacking。它教人们通过创建邮件列表和推动网站流量赚钱。跟冷的网站流量沟通时，不能用“流量”“列表”之类的术语。我们必须向网友解释那些概念，以便他们知道我们在谈些什么。

我的团队为冷的网站流量研发了不同的漏斗，这些漏斗在一开始的时候这样说：“谁想要一个免费的、赚钱网站？”在网友进入免费网站后，我们会发送给他们一个桥页，那上面这么说：“感谢你申请你自己的网站，你将很快得到它。虽然我们获得了你的关注，你知道怎样让人们访问你的网站吗？”请注意，我这里说的是人们，而不是流量。

接下来，网页会继续解释，在线上销售中，潜在客户就是流量，并进一步说明，为了让他们在这个全新的免费网站上赚钱，他们必须学会怎样将流量引入到网站上。然后，我们继续在桥页上解释流量和列表的概念。

当那些网友转投到会员网站上来时，意味着他们完美地获得了预先框定，已经理解这里的产品和服务是什么了。那种理解，使他们更有可能被转换。我运用预先框定，填补了他们的知识空白。

对于热的和暖的网站流量，广告或电子邮件通常可以作为预先框定。在那些人理解你的产品和服务之前，不需要额外的步骤，因为他们已经知道、喜欢和信任你。但冷的网站流量通常需要一个完整的独立页面（桥页）来预热，然后才有可能点击产品或服务页面。

如我刚刚解释的那样，这个独立的、预先框定的页面将教授人们知识，使他们能够更好地认识产品与服务，并且让他们更有可能被转换。

这里还有一个例子，来自我的营养补充公司。我们销售的产品是营养补充品，帮助人们减轻和消除神经病变引起的疼痛。如果我有一个神经病变患者的邮件列表，就很容易转换他们。但如果我的列表上的某个人并没有或者不知道自己是否神经病变，那该怎么办？

许多人知道他们患有神经疼痛，但从来没听说过“神经病变”这个词。因此，我们的冷网站决定用一个更简单、更容易想到的术语，为那些患者提供帮助。我的预先框定页面是这样写的：“如果你患有神经疼痛，那也许是由神经病变引起的。”然后，页面继续解释人们不太熟悉的术语。接着，当患者进入着陆页时，会突然发现所有的那些语言，都变得有意义了。

现在，他们知道了，神经疼痛是由神经病变引起的，而我们的营养补充品，有助于减轻和消除他们的疼痛。你知道我们做那些事情的时候发生了什么吗？我们的潜在客户呈指数级增长！

不论你销售的产品是什么，至关重要的是将你的营销信息与网站流量的温度以及网友的知识储量匹配起来。掌握这些，有助于你确定将他们带入着陆页时需要怎样的桥接。

博客是另一种为产品与服务提供预先框定的好方法。通常情况下，博客可以帮助我们联系已经体验过我们的商业项目并取得成功的人们。有时，我会专门为他们写一篇博文，证实那种不可思议的体验。这样，他们就可以转发博文以展示这种赞扬。

接下来，我和这些客户会将流量引导到我们的博文上，以便读者看到那些推荐和转发，进而点击我们的产品。由于这种网站流量来自其他人的网站的预先框定，于是，我们的转换量激增。如今，我们已经学会充分利用那些知道和信任知名博主的人们。

也可以用 YouTube 视频做同样的事。如果有人贴出了关于我们某件产品的视频，我们会请他们加上一些描述的关键词，并添加一个链接，以引导网友来到我们的网站。然后，我们再把网站流量引导到分享故事的YouTube视频上。这样，进入我们网站的流量，就会有更大的机会被转换。由于这种积极的预先框定，我们的转换数量高得惊人。

另一种很酷的桥页是调查或测验。我们可以提一些问题，让网友的思想朝着特定的方向转起来。这相当于我们提出一个问题，网友自己思考问题的答案。然后，他们将被带领到着陆页上，在那里，我们会揭示正确的答案或解决办法。这整个流程，全都涉及人们在看到你的产品与服务时，如何影响他们的想法。

阶段3　让网友成为订阅者

我们的全部目的，是推动所有的网站流量，包括热的、暖的和冷的，并探寻谁愿意提供自己电子邮件地址。作为交换条件，我们会为他提供更多信息（也就是订阅列表）。

如果人们此时不愿意提供邮件地址，那么，很有可能后面也不会掏钱买产品或服务。让网友成为订阅者，需要一个“选择加入”页面或者名单攫取页。当网友提供了联系信息时，这些网页将提供一定的价值作为回报。这通常也是价值阶梯的最前端。我们公司的做法通常是，通过一份免费报告或者一段免费视频，向网友展示一件他们真正想知道的事。

打个比方，假设每天有1 000位网友访问我的网站。如果这时网站的转化率为30%，那么大约有300人对我的信息感兴趣。于是，我就拥有了一个暖的潜在客户列表，可以继续带领他们走完销售漏斗的其他部分。

阶段4　让订阅者成为客户

让网友成为订阅者之后，你得马上找出已经成为订阅者的网友之中，谁会是客户。在那些有兴趣获得免费信息的300人之中，有多少人愿意掏出他们的信用卡购买你的产品？请注意，我是说你必须在让网友成为合格订阅者之后，马上找出你的潜在客户。不要等上一天或者一个星期，立即让他们成为合格的客户。

我早年的导师丹·肯尼迪告诉过我这条黄金准则：是客户的客户，就是客户。如果有人愿意从你这里购买，有了第一次，只要你继续为他们提供价值，他们就会继续从你这里购买。因此，只要有人填了他们的姓名和邮件地址，并点击了“提交”按钮，那么，他们应当也会在提供某种产品和价值的页面上着陆。为他们提供一些有价值的东西，吸引住他们。

这通常意味着需要引导订阅者在价值阶梯上，稍稍向高处攀登一级，而这也正是我常常出售诱饵的地方。所谓的诱饵，就是梦幻客户真正喜欢的东西。它的定价应当比较低，以至于人们绝对无须太多考虑就会掏钱。对于邮件列表上的每一个人，你都要尽量使其成为合格的客户，因此，不要设置任何障碍。

我常常开出“产品免费，邮费自理”的条件，或者提供价格 5 ～ 7 美元的产品或服务。该产品或服务极为便宜，因为我希望所有客户都买下它。一旦我识别出谁是客户，那就可以采用不同的方式向他们推销。我可以打电话和他们交谈，可以向他们发送明信片，可以把他们加入单独的邮件列表。到了这个时刻，我有两个列表：订阅者列表和客户列表。每个列表都是独一无二的，而且会以不同的方式处理。

阶段 5　识别过度活跃的客户

识别出一般客户之后，你要识别过度活跃的客户。这些人目前有点亢奋或者痛苦，而且一次会买好几样东西。我自己常常就是这类客户。

记得不久前，我带着我的团队举行公司派对，活动是打保龄球。如今，打保龄球成了我的第三项最爱的体育运动（前两项是摔跤和柔术）。我并不是保龄球超级明星，但会坚持打下去。我喜欢这项运动。就在那天，我购买了自己的保龄球、手套和鞋子。我承认，我有点太想在员工面前表现自己了。

但那天，有位员工超水平发挥，打了好几局漂亮的球，轻轻松松击败了我。他在所有员工面前戏弄了我，我记得，自己当时感到失败极了。事到如今，我可以一笑了之，但那天，我心里真的很不爽。

因此，回到家后，我马上上网购买保龄球装备，包括书籍、视频、新的保龄球等。任何能够消除我心头耻辱的东西，我全都买了下来。那时的我，是典型的过度活跃客户啊！

你要尽快识别出这类客户。谁正处于痛苦之中？谁巴不得马上买些什么来减轻痛苦？你要能够为他们提供一些东西，最好是好几样东西。如果做不到，他们会离开你的网站，转而到别的网站购买。这些人喜欢“买买买”。当他们处在痛苦之中，想要解脱的时候，会花钱满足自己。

过了几天之后，我忘了保龄球的事情，生活依然继续。我不再过于活跃地购买保龄球装备了。活跃期结束。因此，想一想你在第一次为客户提供产品与服务之后，还可以向上销售或者向下销售些什么。如果你购买了我的产品，你会知道，我总是有一系列向上销售和向下销售的产品与服务。那是因为我们识别出了过度活跃客户。一旦知道他们是什么人，我就会以不同的方式对待他们。

阶段 6 保持和发展关系

到了这个阶段，最初的销售体验大部分已经结束。从阶段 1 到阶段 5，只需要 5 ~ 10 分钟，而接下来两个阶段的主要任务，是让那些你已经识别为客户的人们，一而再、再而三地购买。这两个阶段，也是让他们向朋友推荐你的阶段。

在阶段 6，你要保持和发展关系。还记得价值阶梯吗？就是让产品和服务变得真正重要的那个阶梯。如果你一直遵循销售漏斗的前五个阶段，一步一步地到达这里，那么，你已经带着人们走完了价值阶梯的第一个或前两个台阶。现在，你要继续用产品或服务为人们提供价值，帮助他们。

不要着急，多花些时间。至于具体要多到什么程度，取决于你自己。只要对你的产品来说合理就是最好的。让客户深入观察他们已经购买了什么产品，并给他们足够多的时间检验你提供的价值。你要带着他们攀登价值阶梯，直到登上最高的那一级。

在阶段 6，我们要开始改变销售漏斗的类型。如果我们是从“产品免费，邮费自理”漏斗开始，那么，可能已经将客户带到隐形漏斗或者高阶产品三步成交漏斗中了。别担心，你将在后文学习怎样构建这些不同的销售漏斗。

阶段 7　改变销售环境

一般来讲，我们难以在线上销售特别昂贵的产品或服务。对于价格为 1.5 万美元的产品，选择网购的人并不多。通常情况下，如果你想销售高阶产品，必须改变销售环境。最常见的改变环境的方法，是通过电话、直接邮件、直播活动或者讲座。

如果我向你发送了一封电子邮件，请你点击“购买”按钮，买下一件 8 000 美元的产品，你可能不会照我说的做。但如果我在让你点击“购买”按钮的同时，跟你打电话聊一聊呢？突然间，我就彻底改变了那种销售环境。

打电话时，人们更可能仔细倾听你的产品和服务到底有些什么功能和好处，销售人员也可以听到客户实时的反馈。你可以反驳对方的异议，并帮助他们下定决心。当我们改变了销售环境，沟通就完全是另一个层面的事了，将客户带上价值阶梯的更高层级也变得更容易。

秘诀 11

23 块积木：打造独属于你的变形金刚

如我说过的那样，我把销售和构建漏斗想象成玩乐高积木。

我设想手头有一些浅色积木，可以用任何方式将它们组合起来，搭建出我想要的东西。如果我想让人们加入邮件列表，可能会使用黄色和蓝色积木。如果我想销售高阶产品与服务，可能会再加上绿色、红色和紫色积木。就算没有得到预期效果，但我知道自己已经拥有必备要素，我可能会推倒重来，看看会产生什么新结果。

我向我们 25 万美元的客户传授的，正是这套流程。我会帮他们检查销售漏斗的各个阶段，指出哪些积木可以带来更好的结果。

然后，我会对漏斗进行测试，验证其能实现多大的转换率。有时候，我一下子就能找到合适的漏斗，但更多时候，得稍稍移动积木。例如，改变某些广告语，或者增加一段视频。然后，我会再次测试那些组合的有效性。

一个多世纪以来，直复营销人员正是用这些方法创造传奇的。尝试，测试，调整，失败，重来。

乐高积木有两种类型。一方面，你可以把所有积木都买回来，运用想象力搭建艺术品。另一方面，你也可以购买一些特定的积木包，它们是搭建特定作品所需的，比如死亡之星或者蝙蝠洞等。这些积木包还给你提供了说明，告诉你哪几块积木应该以怎样的顺次拼起来。

如果你喜欢乐高积木包，那可能也喜欢我们的漏斗构建软件“一键漏斗”。这是一套包括简单的选择加入和高端系列咨询的服务包。你需要的所有积木，都包含在一键漏斗软件中，你能够轻松构建各种各样的漏斗，销售各式各样的产品与服务。你要做的只是选择你想要构建的销售漏斗，然后点击按钮，然后所有积木都会以正确的次序，自动为你排列好。

如果你想试一下，可以登录这个网站，免费试用两周：www.ClickFunnels.com。

本章将为你介绍，在构建销售漏斗时最有效的 23 块积木。你会发现，有些积木更适合价值阶梯的某些特定位置，但要记住，它们只是积木。你可以按意愿移动它们。市场是根据广泛的、系统的因素运行的。适合我的东西，一旦你来使用，可能需要稍稍调整。

在接下来的几章，我将介绍一些我最喜欢的搭建积木的方法，为你构建有效的销售漏斗。我强烈建议你首先按照我的版本来，因为我已经反复测试过它们。我知道一般情况下，哪些漏斗管用。接下来，如果你想尝试改变，我为你加油！你也许能发现我以前从来没有想到的方法。

我最常使用的 23 块积木，通常在漏斗中的四个特定阶段的特定时候使用，这四个特定阶段是：搭建预先框定桥梁、让网友成为订阅者、让订阅者成为客户，以及识别过度活跃的客户。记住，这四个阶段，全都发生在销售的那一刻。

大多数时候，只要你使用销售漏斗销售东西，都需要带领客户经历这四个阶段。大多数时候，你将在保持和发展关系以及改变销售环境这两个阶段，构建新的漏斗。在后两个阶段，你只需回头找到这些积木，构建新的漏斗，一切就都搞定啦！

现在，让我们开始吧。

暖场：正式叫卖之前，先看清楚对方是谁

以下是我搭建预先框定时最常使用的积木。记住，预先框定的目的是让潜在客户热热身，使其以正确的思维框架最大限度地响应你的产品与服务。

问答游戏

问答游戏是我最近最喜欢的预先框定工具。如果你是 Facebook 用户，肯定看过“你是哪位著名演员？”或者“你是哪种丛林动物？”之类的问答游戏。这些游戏似乎越来越荒诞。（今天早晨，我看到这样一个问答游戏：“你属于哪种类型的风暴？”）你提什么问题并不太重要，重要的是让人们参与这个过程（图 11.1）。

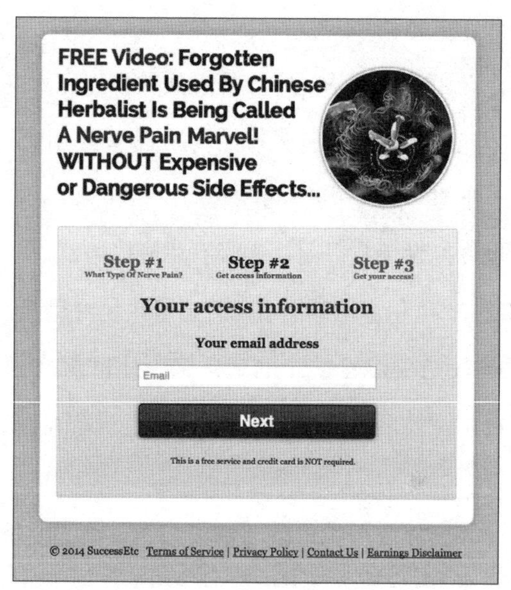

图 11.1　在请人们加入你的邮件列表前，先玩一局问答游戏

为了搭建出色的预先框定，当漏斗进入下一个阶段时，你要让人们的

思考沿着漏斗发展的线路来。比如，故意提起你的公司可以为他们解决的问题：用问题帮助人们回忆起他们有多么讨厌草坪中的杂草，或者被女生拒绝有多么不爽。

如果你承诺网友加入邮件列表，就能看到问答游戏的结果，那你就实现了一石二鸟：既让他们通过了预先框定阶段，又让他们变成了订阅者。然后，你可以在他们选择加入之后，马上为他们推出产品与服务，努力让他们变成客户。

现在，你可能在想，问答游戏要包含多少个问题，以及怎样让网友一直留在你的页面上。我喜欢提三四个问题，而且把每个问题都编上号，以便网友知道必须答完多少个问题（例如，4 个步骤中的第 1 步，4 个步骤中的第 2 步……）。我知道有的公司使用了多达 20 个问题，甚至更多，同样也取得了巨大的成功。这和别的事情一样，你也许要对某些方面进行测试，以找出适合你独特市场的答案。

使用问答游戏的另一个好处是，你可以根据他们的答案细分受众。你可以提问："你家里养了小狗还是小猫？"并根据答案细分你的邮件列表。通过精心设计的问答环节，你可以提一些后续的问题，以便与两个细分市场的受众匹配。

针对回复"养了小狗"的那些受众，你的下一个问题也许是"你的狗狗多大了？"然后接着问下去，到底是 5 岁以下、5 岁到 10 岁，还是 10 岁以上，诸如此类。

那么，这些问题怎样帮你卖出更多宠物食物呢？要知道，年幼的小狗与成年的大狗，需要不同的营养成分。如果你知道了他们的狗狗多大了，便可以向他们准确地推荐他们需要的狗粮。

此外，如果你知道回答者家里养了一只小狗，而不是一只猫，那么，下一个页面上的广告，应当贴出的是狗狗照片，而不是相反。问答游戏有助于你细分客户，并预告框定你的产品与服务（图 11.2）。

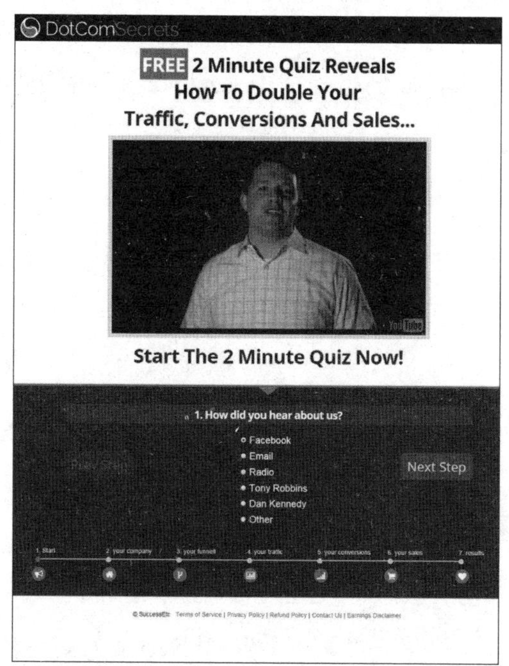

图 11.2　问答游戏是吸引受众参与，
并在他们打开销售页面前预先框定他们大脑的绝好工具

文　章

我喜欢使用文章预先框定来自横幅广告的冷的网站流量。你的网站上可能已经有一些文章，但有时，如果它们出现在别人的网站，反而更有效一些。这就好比第三方的推荐。

假设有人点击了你的横幅广告，并着陆到一篇预先框定文章上。那可能是一份案例研究，阐述怎样帮助某人解决某个问题；也可能是一篇介绍你的产品如何使用的文章。或者，它可能和点击者没有特别的关系，但它提出了一个问题，一个正是他关心的问题。

你需要在页面的某个位置，增加一条行动号召。在行动号召之中，你可以请求受众做一些事情：点击此处以了解更多详情、今天就订阅、在这里取走你的免费样品等。行动号召可以是一个链接、一个大大的按钮、一张带有链接的照片或者以上形式的结合。

在这里，别做不道德的事情。有段时间，许多互联网营销人员成功地使用这种方法建设新的网站。联邦公平贸易委员会也许会打击这种做法，真的，你千万别让他们盯上你。在合法的网站上使用合法的文章。鼓励你最好的学生写一篇关于你的文章，然后将它作为着陆页，一旦人们点击了横幅广告，他们便能看到。

新　闻

只要是新闻，或者被人们认为是新闻的事情，总能比其他事情更吸引眼球。我们的大脑，会对任何可能是威胁的事情格外关注。这正是当晚间新闻上出现“特别警告”或“灾难最新信息”时，大家都会积极关注的原因。以这种方式措词的每一个标题，都是为了引起我们的关注，并说服我们，一场正在酝酿的自然灾害或其他事件定会给世界带来浩劫，因此要提前防范。

如果你的预先框定，在某种程度上与当前的热点新闻联系了起来，那么，只要这则新闻继续是舆论的焦点，你就将自动获得人们的高度关注。例如，如果你设法将你的营销信息与即将到来的选举或者自然灾难联系起来，人们就会理解其中的联系，对你给予更大的关注。

这种策略不利的一面在于人们的防范意识——他们会很快识破你的策略。不过，有利的一面是，当新闻正在火热地传播时，你可以获得大规模的网站流量。

你还可以设计一个看起来像新闻页面的网页。在页面的底部，设计一个带标题的特定板块，或者在页面旁边设计一个包含相关故事的侧边栏。**营销人员发现，将产品内容包装得像新闻时，可以提升可信度，并实现良好的预先框定（图 11.3）。**

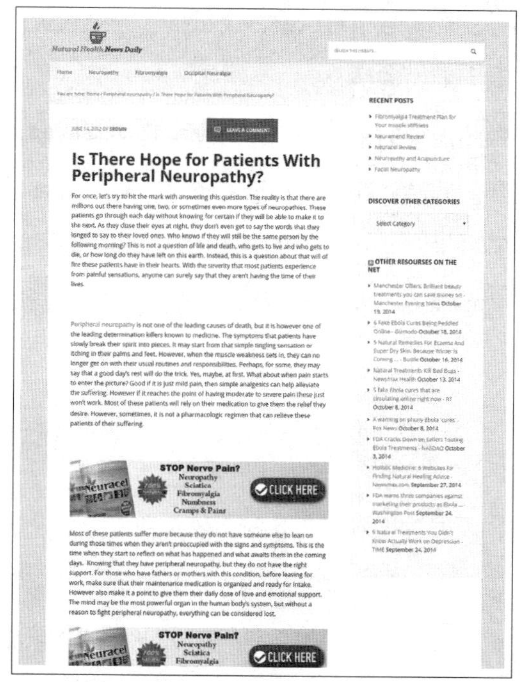

Natural Health News Daily

Home Neuropathy Fibromyalgia Occipital Neuralgia

LEAVE A COMMENT

Is There Hope for Patients With Peripheral Neuropathy?

For once, let's try to hit the mark with answering this question. The reality is that there are millions out there having one, two, or sometimes even more types of neuropathies. These patients go through each day without knowing for certain if they will be able to make it to the next. As they close their eyes at night, they don't even get to say the words that they longed to say to their loved ones. Who knows if they will still be the same person by the following morning? This is not a question of life and death, who gets to live and who gets to die, or how long do they have left on this earth. Instead, this is a question about that will of fire these patients have in their hearts. With the severity that most patients experience from painful sensations, anyone can surely say that they aren't having the time of their lives.

Peripheral neuropathy is not one of the leading causes of death, but it is however one of the leading determination killers known to medicine. The symptoms that patients have slowly break their spirit into pieces. It may start from that simple tingling sensation or itching in their palms and feet. However, when the muscle weakness sets in, they can no longer get on with their usual routines and responsibilities. Perhaps, for some, they may say that a good day's rest will do the trick. Yes, maybe, at first. What about when pain starts to enter the picture? Good if it is just mild pain, then simple analgesics can help alleviate the suffering. However if it reaches the point of having moderate to severe pain these just won't work. Most of these patients will rely on their medication to give them the relief they desire. However, sometimes, it is not a pharmacologic regimen that can relieve these patients of their suffering.

Most of these patients suffer more because they do not have someone else to lean on during those times when they aren't preoccupied with the signs and symptoms. This is the time when they start to reflect on what has happened and what awaits them in the coming days. Knowing that they have peripheral neuropathy, but they do not have the right support. For those who have fathers or mothers with this condition, before leaving for work, make sure that their maintenance medication is organized and ready for intake. However also make it a point to give them their daily dose of love and emotional support. The mind may be the most powerful organ in the human body's system, but without a reason to fight peripheral neuropathy, everything can be considered lost.

RECENT POSTS

DISCOVER OTHER CATEGORIES

Select Category

OTHER RESOURSES ON THE NET

图 11.3　新闻网站上的文章，会使你的产品和服务有“官方光环”

需要再次指出的是，不要过度使用这种策略，否则，你可能登上联邦公平贸易委员会的黑名单。那对你的公司只有坏处，没有好处。请讲道德，说真相。

博　客

博客的应用范围非常广。假设你处于竞争异常激烈的行业，你和许多竞争者提供基本上完全相同的解决方案。你可以专门写一篇博文解释其他公司在哪些方面完全相同，而你的公司则与它们不同、比它们更好。你可以自己写那篇文章，把它贴在你的博客上。但如果你的博文出现在了别人的博客上，效果可能会更好。理想的情况是：转载你文章的博客，是涉及你的目标市场、拥有大量访问者、网站流量很高的博客。

如果博主用他们的名字贴出你的文章，这似乎会切断你与那篇文章的关联，但这样做的效果甚至更好。我曾与一位在“在线赚钱”市场中做得很成功的学生合作过这样的事情。他在自己的网站上增加了一个通向我的产品与服务的链接，作为交换，我把公司 Facebook 页面的流量推到他的博客上。那次合作非常成功。它被设计成一种预先框定，但其内容 100% 是真实的，我们的做法也合乎道德。

视　频

YouTube 视频是很好的预先框定材料，特别是用于证明你的权威时。视频应当向观看者提出某个问题，或者教他们某个流程或理念。目的是使他们想要你的解决方案。

你同样可以把视频放在别人的网站上,然后推动网站流量流到那个网站。视频可以包含一些行动号召，让人们将焦点放在你的产品和服务上。行动号召可以放在描述语或评论中（以链接的形式），可以是某些前置式或后置式的片段，或者是视频中的注释。

电子邮件

当你使用单独的广告语，或者请联营伙伴为你背书时，电子邮件是个好帮手。不论你借用了谁的邮件列表，实际上都是在借用他们的信任度将自己预先框定为一个好人，或者将你的产品或服务预先框定为优秀的解决方案。搭建那种预先框定的同时，你可以在电子邮件中插入链接，发出行动号召，这样，受众在点击链接之后，就可以看到你的产品与服务。

在直接邮件时代，使用推荐信策略时，邮件列表的拥有者通常会撰写一段介绍，告诉其订阅者，你有多么了不起，或者你的产品有多棒。联营伙伴或者分公司的负责人，也可以用电子邮件做同样的事情，为你或者你的产品与服务撰写介绍材料。

预售页

有时候，你必须在向客户销售产品与服务之前，先教一教他们。预售页应该讲述一个故事。它可以是一篇较长的文章，用来提供潜在客户可能需要的背景信息或教育。一旦他们拥有了这些信息，也许就具备了理解和购买你的产品与服务的适当的心理状况（图 11.4）。

图 11.4 在网友着陆销售页前，先用预售页教他们该做些什么

假如你出售某种电子邮件营销软件，但你的一些潜在客户并不知道电子邮件营销是什么，或者不知道他们的公司为什么需要那样的软件。

这时，你可以先让他们看看你的预售页，为他们准确地解释电子邮件营销可以怎样发展他的公司。然后，发出行动号召，将潜在客户带到你的产品或服务面前。这种策略可以让潜在客户在进入销售页前，先热热身。

你可以不买我的产品，但不该错过这件赠品

下一个阶段是使网友成为订阅者。这一阶段的目标是让人们“选择加入”，进入你的邮件列表，订阅你的新闻邮件，或者请求你把已经摆在他们面前的免费产品赠给他们。你需要区分随意浏览的网友和愿意提供邮件地址的网友，并把为获得更多信息的网友区分开来。

弹 窗

你在访问网站时，遇到过那种每两秒就弹出一次的烦人窗口吗？“恭喜你！你刚刚赢得了……”它们也许很烦人，但在让人们选择加入某个列表时，真的非常管用。近年来，由于弹窗拦截软件和广告拦截软件，弹窗几乎已经过时，营销人员几乎全都不再使用它们。

好消息是，最近出现了一种不易被拦截的新型弹窗，在许多场景，这种弹窗都是一种创建列表的得力工具。但是，依然让人头疼的是，某些广告商（如谷歌和 Facebook 等）会拒绝带弹窗广告的页面。因此，弹窗并非任何时候都管用，但在合适的条件下，依然是一种强大的工具（图 11.5)。

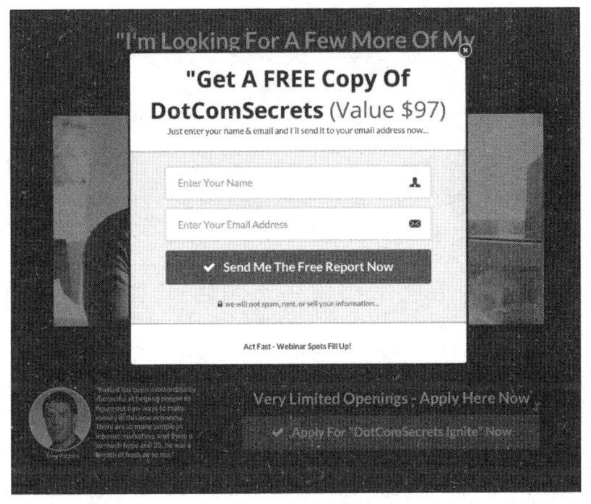

图 11.5　如果精心使用，弹窗依然十分有效

名单攫取页

名单攫取页是让网友成为订阅者的最简单方法。它是一个简单的“选择加入”页面，可以做到不使用弹窗就增加订阅者。名单攫取页要求人们提供邮件地址，否则不能访问下一个页面（那个页面上通常有一份免费报告，或者一段免费视频）。页面只提供两种选择：订阅或者离开。

名单攫取页的神奇之处在于，它完全消除了干扰。网友不用观看广告，也不用点击导航菜单。他们必须把注意力集中在眼前最重要的信息上，也就是你为他们提供的信息。而且，他们必须做出决定：要么给出邮件地址，要么离开（图 11.6）。

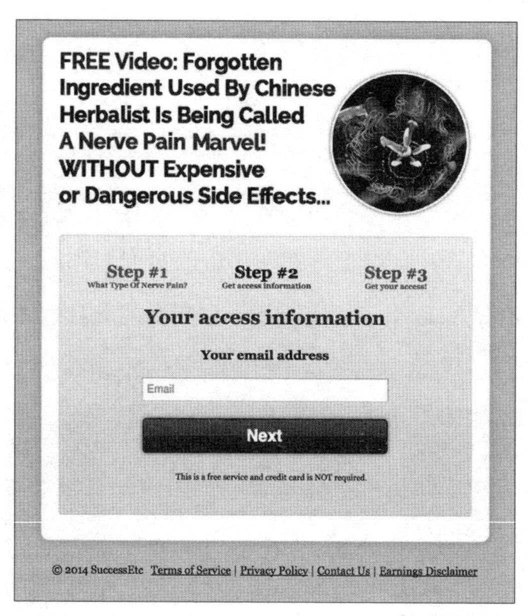

图 11.6　名单攫取页只有一个目的：让访问者订阅

点击弹出按钮

通过点击你的博客或其他网页上的点击弹出按钮，网友可以加入你的邮件列表。当网友点击那个按钮时，会弹出一个类似于名单攫取页的弹窗

（图 11.7）。如果网友给你他们的邮件地址，就可以进入下一个页面。

点击弹出按钮是很好的方法，因为你可以把它们放置在许多地方，包括你一直不能为访问者提供“选择加入”页面的地方，如文章和博客等。

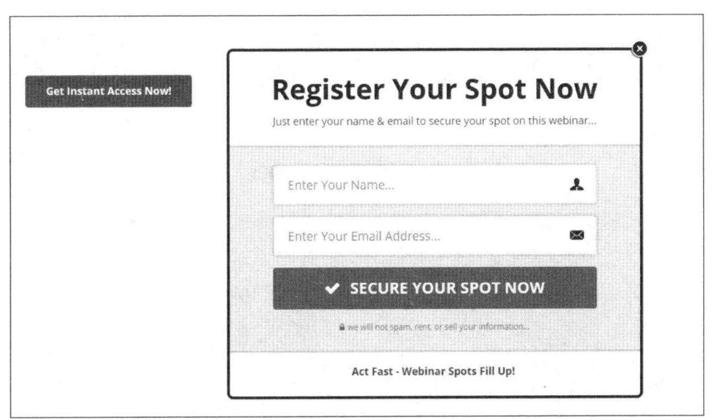

图 11.7　点击弹出按钮将可点击的按钮与弹窗网页结合起来

“产品免费，邮费自理”两步走

这种类型的网络问答充分利用了客户心理，并且将“让网友成为订阅者”与“让订阅者成为客户”的步骤整合在一起。第一步是请求网友提供联系信息（包括邮件地址），使之成为订阅者。第二步是请求网友提供信用卡信息，通常包含运货成本，使订阅者成为客户。我的公司正是采用这种方法策划了部分“产品免费，邮费自理”产品的。

任何人，只要填写了第一步中的表格，就会被自动添加到邮件列表之中，成为订阅者，即使没有接着填写第二步中的表格（图 11.8）。

网络研讨会注册

我们经常使用免费的网络研讨会来寻找潜在客户。当人们注册参加网络研讨会时，自然需要给你他们的邮件地址，因为需要接收网络研讨会的详细资料。如果是自助式网络研讨会，人们就可以挑选参加的时间，但也需要提供邮件地址。总之，你的邮件列表肯定会新增一位订阅者。而且，由于他们选择注册参加网络研讨会，那说明他们会真心期待你的邮件（图 11.9）。

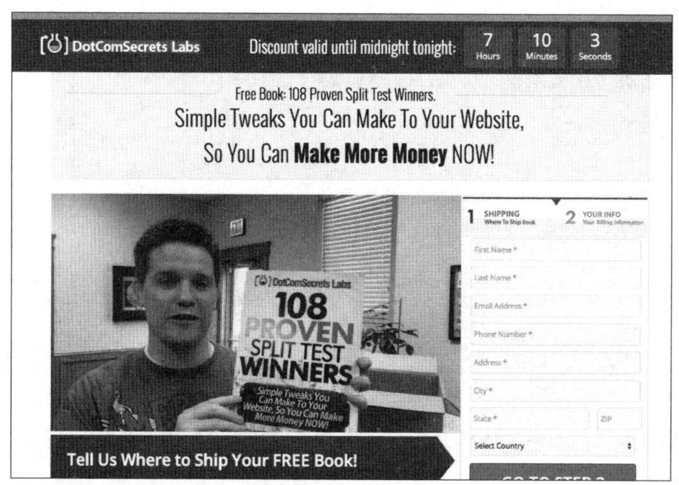

图 11.8　两步走可以收集网友姓名和邮件地址以及信用卡信息

图 11.9　人们会期待你通过邮件发送网络研讨会的更多信息

免费账户

让人们注册免费账户，尤其适合软件和会员计划。创建一个会员网站，或者推出软件的精简版，让人们免费使用。当网友注册了一个账户来加入会员，或者免费使用软件精简版时，他们便加入了你的邮件列表。这类网页与名单攫取页十分相似，但由于它们是账户，所以你可以获得更多信息，实现更高转化率（图 11.10）。

图 11.10　免费账户使你能收集到订阅者更多的私密信息，比如，居住地址和电话号码

退出弹窗

退出弹窗是网友打算退出你的网站时，你最后一次弹窗的机会。它会询问网友，是否确定真的想离开这个网站，是否真的不打算订阅。如果他们在关闭退出弹窗页面之前决定订阅，你甚至可以提供一些特殊优惠。一旦人们离开了你的网站，他们绝不再回来的可能性很大。因此，你得用退出弹窗稍稍烦一烦他们。那也许是你留住他们的最后机会（图 11.11）。

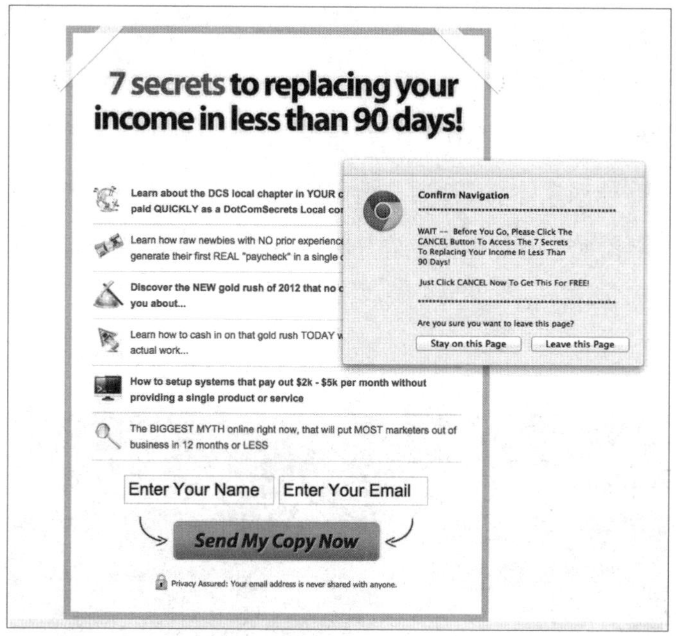

图 11.11　退出弹窗是你发出的最后的呼吁，呼吁网友提供邮件地址

销量不够，甜头来诱

让订阅者成为客户的目的，是让人们掏出信用卡，实实在在地付款。促使他们第一次消费是最难做到的，因此最好是以极低的价格提供一些有价值的东西。然后，你再尽最大努力，使客户沿着价值阶梯往上攀登。在这方面，我最喜欢的方法有以下几种。

产品免费，邮费自理

这是我最喜欢的、让订阅者成为客户的方式之一。如果你有一件很棒的产品，可以将其免费赠送出去。这是一种完美的诱饵，可以帮你赢得新客户。同时，这也是一种为客户提供价值，并使客户有兴趣沿着价值阶梯向上攀登的最佳方式。它还是找出哪些订阅者是真正的客户的最好方法。

试　用

价格非常低廉的试用产品或试用服务，是让订阅者成为客户的有效方式。针对那些非常方便的和受欢迎的试用产品或试用服务，你也可以先收取少量费用。然后，等他们试用了几天以后，如果想留下那件产品或者继续享用那一服务，再补齐剩下的费用。为了收到试用的产品，订阅者必须掏出信用卡，让自己变成客户。这种方法对于销售那些无须发货的产品或服务最为合适，如数据下载、软件或者网站会员资格等。

导火索

导火索产品是用于将客户吸引到门前来的小型产品与服务。它们通常是你的核心产品的“碎片”。例如，你可以从中取出一个模块，或者其中的一堂培训课，以超低的折扣出售。瑞安·戴斯（Ryan Deiss）和佩里·贝尔彻（Perry Belcher）使这种方法流行起来。

戴斯和贝尔彻通常以 7 美元左右的价格推出一款产品。导火索产品的具体价格是多少，取决于你的目标市场。但不管是实物产品还是虚拟服务，这种方法都适用。

自动清偿

自动清偿产品与服务通常稍贵一些，价格为 37 ~ 97 美元。一般来讲，当你使用了“产品免费，邮费自理”、试用以及导火索策略之后，你其实已经在亏钱了。这时，你可以通过向上销售，实现盈亏平衡。同时，自动清偿可以让前端产品冲抵成本，以便你的向上销售能够变成纯利润。

直接销售

直接销售是针对高阶产品的常规销售方法。所谓高阶产品，是价格为 97 ~ 5 000 美元的产品，有时甚至比 5 000 美元还高。要将这些产品与服务

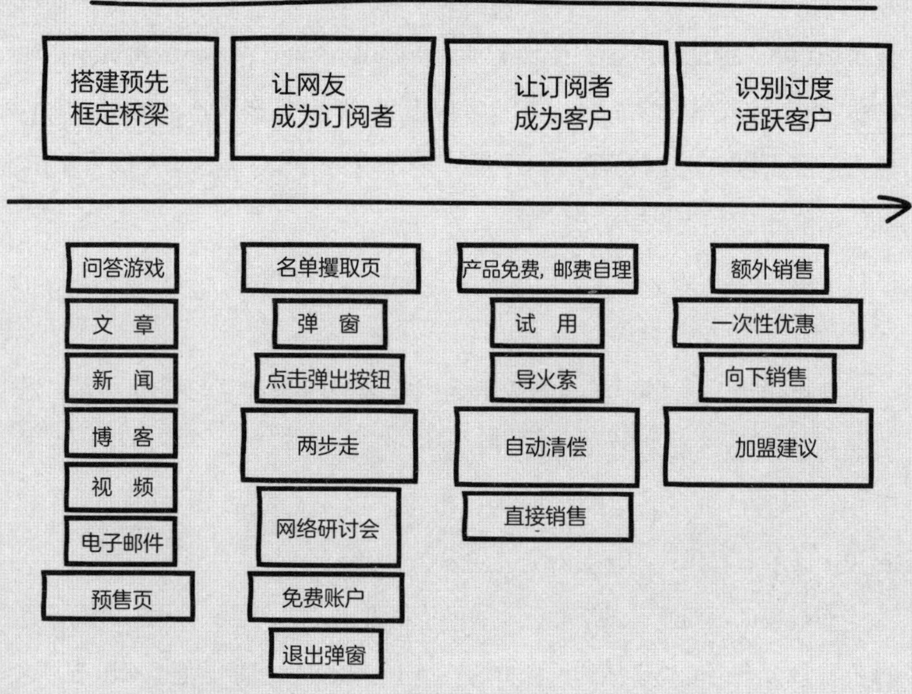

在订购单上添加额外增加的产品，跟杂货店的做法很相似。那短短两行文字和一个复选框，往往能使 40% 的客户比原计划多消费 37 美元。

的潜在客户转换为客户，常常需要更大的成本，因此，我们只把这种选择介绍给暖的网站流量，以及已经通过了销售漏斗前面环节的人们。在潜在客户作出这种更大规模的投资之前，往往需要与魅力角色建立起更强烈的情感连接。

很多人问我，他们应当使用哪种类型的产品与服务使订阅者变成客户。大多数时候，我喜欢使用“产品免费，邮费自理”，但它不见得时刻奏效。在销售神经疼痛营养补充产品时，我们就用过这种方法，但结果不尽如人意。后来，我们使用了直接销售策略，大获成功。

有时候，你得谋求改变。将目光转向其他积木块，总能找到成功方法。你必须对每一件产品都进行测试。不同的市场，对你的产品响应也各不相同。因此，如果没能很快找到感兴趣的客户，别轻易放弃。

火眼金睛：识别“土豪”客户

确定哪些客户是过度活跃的客户时，我会推出低成本的或免费的产品与服务。在确定之后，我会马上展开向上销售，让他们往价值阶梯的上层攀登。以下是我最喜欢的一些向上销售方式。

额外销售

这些是我们在订购单上增加的少量产品与服务。它们彻底地改变了我们的业务。这一概念，与你在杂货店收银台前的经历十分类似。看到那些糖果、口香糖或者其他小东西时，你很容易把它们丢进购物篮。

在订购单上添加额外增加的产品，跟杂货店的做法很相似。那短短的两行文字和一个复选框，往往能使 40% 的客户比原计划多消费 37 美元（图 11.12）。

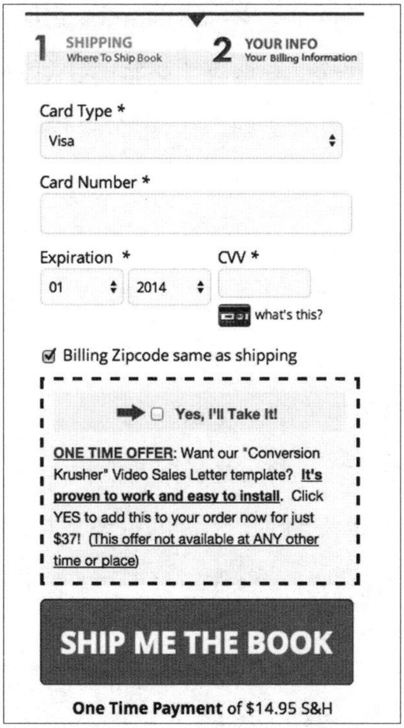

图 11.12 增加一个复选框，再对产品打个折扣，销售就达成了

一次性优惠

在客户购买任何一款产品后，你可以为他们提供特定的、一次性的优惠。一次性优惠产品最好能补充最初购买的产品。通常，我们会在客户完成购买之后，接着推出两三款可以独立销售的优惠产品，那些优惠产品能为他们最初购买的产品增加更多价值（图 11.13）。

向下销售

如果客户拒绝了你的一次性优惠，你可以对他们进行向下销售：推出一款完全不同的产品，或者另一种支付方式的选择。不要仅仅由于他们拒绝立即全价付款而放弃。我们发现，在那些拒绝了一次性优惠的客户之中，大约

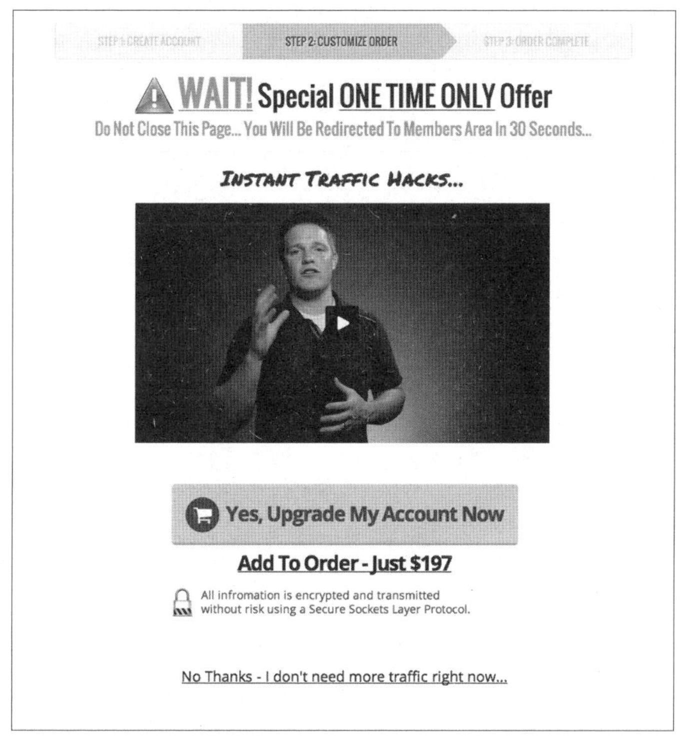

图 11.13　只有当已经购买产品的客户马上采取行动付款时，才能获得一次性优惠

20% 的人会接受向下销售的支付方式。

加盟建议

我们通常会在向上销售或向下销售结束，客户到达“感谢你”页面之后，才提出加盟建议。在这个页面上，我常常会感谢客户的订购，然后插入一个可能对他们有用的其他产品或服务链接。

秘诀 12

定制化漏斗：与价值阶梯的不同阶段无缝对接

现在，你已经了解了所有的积木，只需把它们组合起来，就能构建你的销售漏斗了。你可以按照自己喜欢的任意方式组合它们。我测试并证明了 7 种漏斗，并经常将它们推荐给我那些极其聪明的客户，而且在经营自己的业务时我也在运用它们。我们反复运用它们，发现它们确实非常有效。

在第 4 部分，你将了解每一种漏斗是怎样运行的，每一种销售漏斗背后，都有一种心理学。对于低价的、入门级的产品与高阶产品包，你需要运用不同的心理学原理。基本的心理学原理可以追溯到我们在秘诀 10 中，探讨网站流量温度时讨论过的产品知名度状况（图 12.1）。

图 12.1　你怎样与潜在客户交谈，取决于他们对产品的了解状况

冷的网站流量可能只知道他们面临的问题，不知道你或者你的产品，因此，你得用低级的漏斗（比如，“产品免费，邮费自理”漏斗或者自动清偿漏斗），从价值阶梯的前端开始引导他们。事实证明，这些漏斗确实更适合冷的网站流量，也就是说，适合那些不知道你和你的产品的人们。

潜在客户和你的魅力角色建立联系（通过沟通漏斗）之后，一般会进入热身阶段。在他们热身的时候，你可以通过引入在价值阶梯的中端使用的漏斗，引出一些高阶产品。我喜欢使用完美网络研讨会漏斗、隐形漏斗或者产品发售漏斗销售价格适中的产品与服务。你要先花时间了解产品的更多细节，才能构建出与众不同的、定制化销售漏斗。

热的网站流量已经知道你、喜欢你、信任你。他们知道你的产品，因此，在提供最高等级服务时，你要把这些人引领到价值阶梯的后端去。由于这些产品与服务的价格更高，你可能无法单独使用线上方法来完成销售。你得改变销售环境，给潜在客户打电话，或者进行视频通话。我最喜欢的将人们从网络转向电话的漏斗是高阶三步走漏斗。

在接下来的几章中，我还会介绍我最喜欢的销售台词，以帮助你写销售信，还会介绍一些你需要在漏斗中使用的视频。你要对它们进行略微的调整，为你的公司和你的目标市场添加一些细节。把这些台词想象成一个框架，你需要的所有要素都摆在那里，而你要做的只是添加一些细节。

在我们仔细研究这些漏斗和台词之前，还有几件事情要牢记。

1. 这些漏斗从着陆页开始。它们不涉及改变网站流量的温度或者搭建预先框定桥梁。它们是一些销售模型，用于将访问者转变成付费客户。但网站流量和预先框定是重要的要素，在决定使用哪种漏斗前，一定要仔细考虑它们。

2. 当你打算在价值阶梯上保持和发展与客户的关系时，只需构建新的漏斗即可。现在，你可以把想保持和发展关系的人们，当成

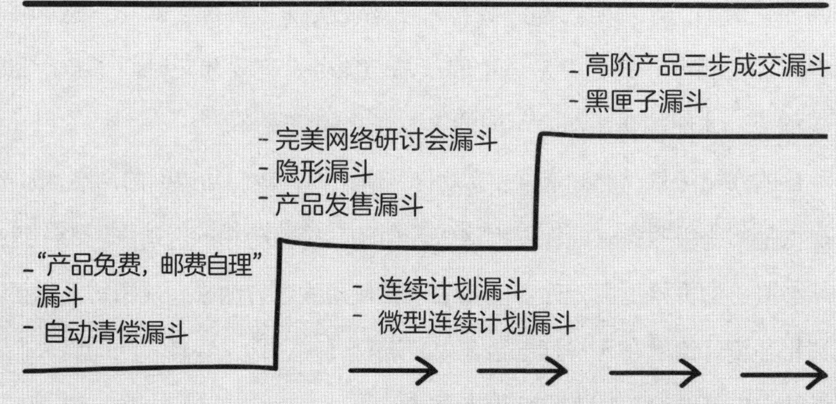

现在，当有人加入我的邮件列表之后，无论是通过名单攫取页加入的，还是通过博客加入的，我都会马上把他带到我的第一款前端产品与服务面前。那是我用来让订阅者变成客户的产品与服务。

暖的网站流量来对待，把他们当成老朋友，并且从那个角度构建你的漏斗。

3. 这些漏斗和台词中，有一些非常简洁，但十分管用。另一些则有些复杂，包含诸多内容。一般来讲，你要销售的产品在价值阶梯中的位置更高，必须要获得更大的销量，你的台词就会更长。不过，如果你有热的网站流量，有时候也不需要说过长的台词。

在我们仔细分析单个漏斗前，先从宏观视角看看，怎样将探讨过的一切组合起来。图 12.2 显示了总体框架。

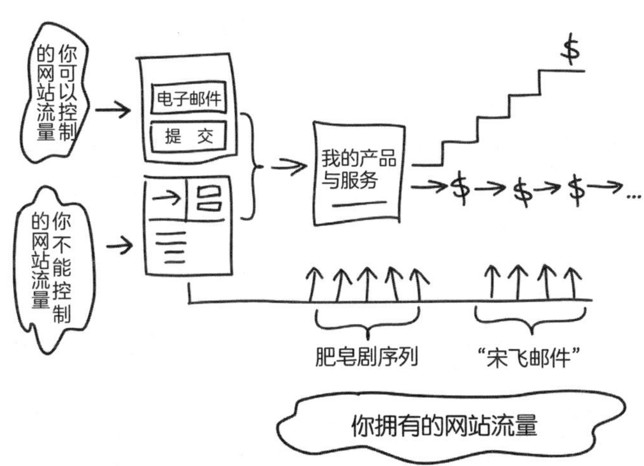

图 12.2　核心漏斗：将人们从网站流量阶段，引入价值阶梯

我们可以控制的网站流量，会被引导到名单攫取页上。对于不能控制的网站流量，我们会引导他们进入一个博客。在那个博客上，有三个页面收集邮件地址。只要有人加入邮件列表，无论通过哪种渠道，最终都会变成我们拥有的网站流量。这样，我们就开始按肥皂剧序列向他们发送邮件，以便他们能与魅力角色建立良好关系。肥皂剧序列完成后，我们会开始每天发送“宋飞邮件”，帮助他们在价值阶梯上攀登，了解其他的产品与服务。

现在，当有人加入我的邮件列表之后，无论是通过名单攫取页加入的，还是通过博客加入的，我都会马上把他带到我的第一款前端产品与服务面前。那是我用来让订阅者变成客户的产品与服务。购买那款产品与服务之后，客户马上就会看到一些向上销售的产品。

在最初的销售达成后，随着客户开始在价值阶梯上不断攀登，并加入连续计划，我将使用电子邮件序列鼓励人们购买其他产品。我会使用不同类型的漏斗，向价值阶梯中的人们销售不同的产品。

图 12.2 宏观地展示了我们迄今为止已经探讨过的所有事情，也是我在为各公司做咨询服务时给出的建议。运用这种更高的视角，观察公司的全貌之后，可以轻松地发现哪些环节出了问题，进而深入研究他们想要的和需要的结果。

我建议你充分利用你到目前为止学到的东西，加上你在自己的公司中采用的策略，并且用图 12.2 找出你的不足之处，为公司的进一步发展壮大奠定坚实基础。

秘诀 13

免费：赠品越多，花费越多

在介绍我的 7 个得到实践证明的销售漏斗之前，我还有最后一件事情告诉你。如果你理解这个至关重要的概念，它将改变你构建销售漏斗的方式和方法，毕竟它曾彻底改变过我的公司。正是理解了这一概念，在不到一年半的时间里，我把公司的年营收从大约 30 000 美元发展到了 7 位数。

“产品免费，邮费自理”的诱惑

12 岁那年，我开始对垃圾邮件痴迷不已。我记得自己每天都打 1-800 免费电话订购免费信息。那些信息涉及哪些内容，对我来说并不重要，重要的是它们免费，我想要它们。如今，免费的样品和免费试用的产品随处可见，不论是线上的还是线下的。为什么？因为它们能够像疯了一样地博得人们的关注。人类就是无法抗拒“免费”这个词的诱惑。

如果你还没读过丹·艾瑞里（Dan Ariely）的《怪诞行为学》（*Predictably Irrational*），那么，我强烈建议你买一本读读。在这本书里，作者谈到了一项实验，着重研究“免费”这个词对人类购买行为的影响。

在《怪诞行为学》里，你可以了解整个实验，但跟本章有关系的部分在于：研究人员为一组学生同时提供了价格为 26 美分的瑞士莲巧克力和价格为 1 美分的好时巧克力，然后观察学生的购买行为。

研究人员发现，大约 50% 的学生选择了好时巧克力，另外 50% 的学生选择了瑞士莲巧克力。一半对一半。当研究人员将这两种巧克力的价格同时降低 1 美分时，突然之间，选择免费的好时巧克力的学生上升为 90%，尽管两种巧克力的相对价格与之前一模一样。

研究人员还进行了另一些测试，将好时巧克力的价格从 2 美分降低到 1 美分，看看有没有更多的学生选择好时巧克力，结果没有。此外，研究人员还将好时巧克力的价格从免费降低到 – 1 美分，结果，学生的购买行为也没有任何改变。他们针对大学生、小孩子、成年人以及更多其他人都做了这个实验，结果依然相同。这便是免费的强大力量！

免费是一个很酷的概念，能在我的公司将这一概念付诸实施，让我兴奋不已。我问自己：“我应该怎样向客户提供免费产品或服务？”如果我的行业或者我居住的城镇中的每个竞争对手，都在将自己的产品打折销售，但我却能免费赠送，相信绝大部分消费者都会选择我。我应该怎样组织我的产品与服务，以便免费向客户赠送些什么呢？

我一边尝试，一边测试效果，确认免费赠送哪些产品或服务，能够得到最热烈的响应。到最后，我设计了自己的实验，以测试为客户免费提供产品与服务的效果。我称它为“100 位访问者测试”。

我在不同的环境之中，针对不同的目标受众和产品，测试过许多次，其结果与我们进行的所有测试完全一致。虽然我们对成千上万的网站访问者进行过这样的测试，我还是将它分解开来，简化了研究成果，以表明通过这个测试漏斗的每 100 位访问者，其核心特征是什么。

测试是这样进行的：我把 100 名访问者送到一个网站上，在那里，他们可能会购买一件产品。产品的价格是 197 美元。我们聘请了一位才华横溢的广告文案撰写人，并测试了不同的销售说辞，直到我们获得一个转化率较高的页面。在所有这些测试与调整完成之后，我们兴奋地将大约 1% 的冷的网站流量，转换成真正的客户。也就是说，从每 100 位访问者中，我们可以赚得 197 美元，以及 1 位新客户（加入邮件列表）。

在大多数营销人员眼中，这一数据都高于平均值。随后，我们开始进行一些调整，免费赠送一些东西。我们想看看，这件新的免费产品，将怎样改变相关数据和我们的收入。我们将产品中最好的那个部分分拆下来，并表示如果客户愿意支付邮费，我们就把它免费送给客户。在客户签订“产品免费，邮费自理”协议后，我们马上对他们向上销售，推销此前我们以 197 美元的价格出售的那件产品。

我以为我会亏损，因为我让客户先支付邮费获得免费产品后，才能看到那件 197 美元的产品。我的意思是，如果每 10 个人中只有 1 人看到 197 美元的产品，从逻辑上讲，我应该会亏损。

结果发生了这样的事情：我们将 100 名访问者送到网站，平均来说，有 8% 的人支付邮费，得到了那件“产品免费，邮费自理”的产品。要记住，这比最初页面上的 1% 高了许多。而且，这次的页面，几乎不需要任何的文字内容来推销，而在最初的销售 197 美元产品的页面上，我们必须使用真正有说服力的文字以说服人们购买。

正是在这个“产品免费，邮费自理”漏斗中，神奇的事情发生了。由于客户已经从钱包里掏出了信用卡，并且针对我们正在销售的概念作出了承诺，大约 25% 的客户购买了我们向上销售的产品与服务。那意味着，在每 100 位访问者身上，我们赚了 394 美元，而且，我们的邮件列表上新增了 8 位客户。

在“产品免费，邮费自理”的产品与服务中，我几乎赚到了双倍的利润，并且赢得了 8 倍客户！很酷，对不对？

我不知道客户的心理状态是怎样的，但只要你让他们从一开始就接受你的产品与服务，让他们接受你的第二件产品或者第二项服务会变得容易得多。

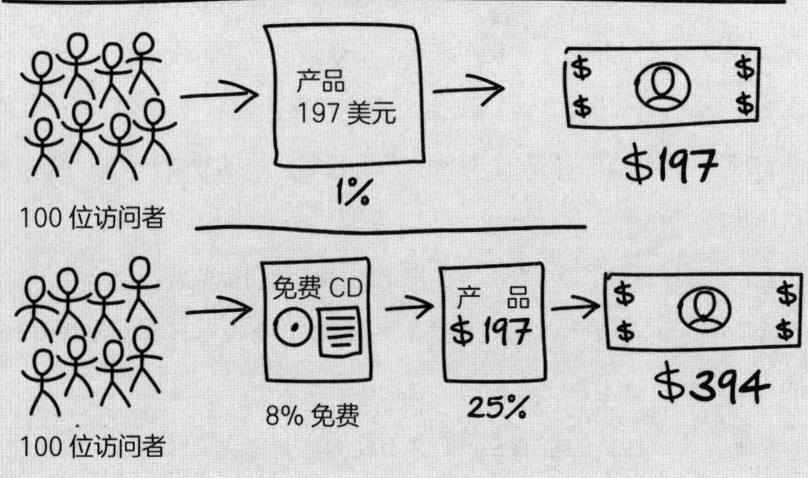

我们发现，在客户填写了信用卡信息之后、点击“提交”按钮之前，在订购单上添加一个小方框，就可以产生奇迹般的效果。

这是一种滑坡谬误（Slippery Slope，一种逻辑谬论，即不合理地运用一连串的因果关系，将可能性转化为必然性，以得出某种结论。具体到操作层面，是这样发生的：如果发生 A，就会发生 B，难道我们能容忍 B 吗？绝对不可以！所以，一定要反对 A！——译者注）你首先让他们同意一件小事情，然后，等后来这件事情变得更大时，他们也更容易同意。

有人问我，是不是能够出售（或者赠送）一种数字产品，而不是“产品免费，邮费自理”的产品。回答是：可以，你也可以出售数字产品，但你会失去一些极其强大的东西。我喜欢免费赠送实物产品给客户，因为这让我能够运用“免费”这个词的强大力量，同时要求感兴趣的客户掏出他们的信用卡支付邮费，使之成为真正的客户。

如果将这一计划更改为低价出售一种数字产品，那么，我便忽视了免费的强大力量。如果我只是免费向客户赠送数字产品，那么，当他们确认购买后，并不用填写他们的信用卡信息和地址，我便失去了使之成为客户的机会，我就不能在下一个页面上进行“一键点击”的向上销售了。是不是这么回事？

多年来，这一概念仍在继续演变和发展，你可以在接下来的几章，当我向你介绍各种销售漏斗的时候，看到这种趋势。我的团队在首次推出“产品免费，邮费自理”产品后，尝试添加多种向上销售，于是我们的营收实现了大幅增长。

我们还制作了销售台词，在测试过的几乎所有的市场中，这些销售台词几乎都适用。在本书的下一个部分，你将了解更多关于那些销售漏斗、台词以及我们的流程演变发展史的详细情况。不过，我们偶然发现的最大进步，是订购单额外销售。让我来解释它是怎么回事。

为什么收银台旁边都摆着口香糖？

后来，我们开始针对 37 美元的产品测试“产品免费，邮费自理”策略。

结果发现，这其实非常简单，于是它成了我们几乎不花费任何成本，就可以增加前端营收的最大秘诀之一。

我们用一款售价 37 美元的产品和一张免费 CD 来测试“产品免费，邮费自理”策略。这张 CD 是一份简单的录音材料，教客户某个来自产品中的最令人兴奋的概念。首先，我们同时向这两款产品的着陆页推送流量，结果发现，平均下来，为免费 CD 支付邮费的客户是购买 37 美元产品客户的 3 倍。

也就是说，我们有 3 倍之多的客户选择了“免费”路径。那意味着，看到我们的向上销售产品的客户是正常情况的 3 倍。但我们没能让更多客户购买售价 37 美元的产品，而且失去了来自这一前端产品中的额外的前端收入。

换句话讲，我们赢得了更多前端客户，但“平均购物车价值”（也就是通过了销售漏斗的每位客户平均消费的金额）却更低，这导致我们的营收跟以前差不多。

正是在那个时候，我们发现了订购单额外销售。我们发现，在客户填写了信用卡信息之后、点击“提交”按钮之前，在订购单上添加一个小方框，就可以产生奇迹般的效果。那个小方框，是在邀请客户在订单上增加那款 37 美元的产品。我们兴奋地发现，总体来讲，大约有 33% 以上的客户接受了邀请（图 13.1）！

那意味着，通过运用“产品免费，邮费自理”产品，我们立即吸引了 3 倍之多的客户，而通过添加 37 美元的额外销售订购单，我们还能让 33% 的客户订购更昂贵的前端产品。这种新方法虽然没让我们的营收超出前端营收太多，却让 3 倍多的客户进入了向上销售漏斗。

这个小秘诀，使我们在进入几乎每一个市场时，都比竞争对手花费更少。即使你不在前端使用“产品免费，邮费自理”产品（你一定是疯了！），只对每一份订购单增加这种额外销售的订购单，也几乎可以毫不费力地大幅提高你的购物车价值。

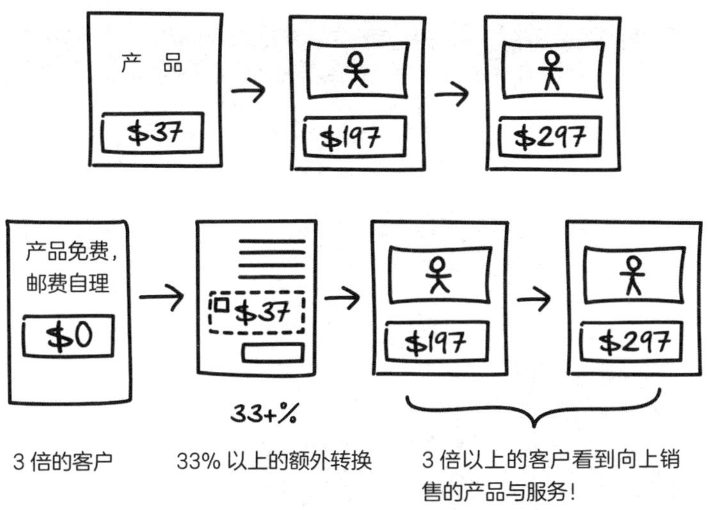

图 13.1 订购单额外销售：只需 5 分钟就可以戏剧性地提高营收

“那是我的独家秘方，不能免费赠送！”

让我们看一看“产品免费，邮费自理”策略的真实应用案例。在图 13.2 所示的页面上，人们可以得到一本免费书籍，名叫《互联网秘诀实验室：108 项被证明的分割测试工具》。这是我创作的最好的产品之一。起初，客户购买这本书需要支付 997 美元。但过了几个星期，经过一番思想斗争之后，我决定改变主意。我不再按照这本书的价值收取这 997 美元，而是决定尽快把它送到读者手中。

因此，我对它应用了“产品免费，邮费自理”策略。我在制订计划时就知道，拿到书的人一定会变成我的疯狂“粉丝”，并且想在我的价值阶梯上攀登。在订购单上，我还添加了额外销售产品——标价 37 美元。

然后，在客户购买了这本书以后，我们的第一件向上销售的产品是 Instant Traffic Hacks 课程，售价 197 美元；第二件向上销售的产品是 Perfect Webinar 产品，售价 297 美元；最后一件向上销售产品是 High-Ticket Secrets

图 13.2 使用“产品免费，邮费自理”策略销售《互联网秘诀实验室》

计划，售价 997 美元。我们开始推动网站流量，以便销售我的免费书籍。结果让人大感惊奇：每一本免费书平均带来了 66 美元的即时营收，它们全都来自向上销售！

获得这样的转化率后，想一想我花了多少钱获取客户吧。在获取客户之后，我们会继续引领他们沿着价值阶梯攀登，从而卖出更多产品和服务。因此，我们的营业收入，只会继续增长。

下面，我逐一分析不同职业的创业者，分别讲解如何运用“产品免费，邮费自理”策略。

作家、教练或咨询师 想一想你可以为你的客户带去的最令人惊奇的结果。针对客户真正需要解决的最大问题，把你可以提供的服务编写成书、CD 或 DVD。你可能犹豫不决，或许对这一建议有些抗拒。许多人觉得：“哦，不，我不能把这个免费赠送给别人！那是我的独家秘方！”相信我，免费赠送出去吧，你会在后端收获效益的。

电商老板 调整“免费”这一概念，使之适合你的领域。例如，倘若你在销售鸟笼之类的产品，你可以免费赠送一张 CD，名为《怎样教你的鹦鹉说话》。也许你在销售定制西服，你可以提供免费的袖扣。明白了吗？

网络营销人员 对于这个利基市场，你可以制作一张 CD 或 DVD，向人们展示你找到潜在客户或将他们转变为客户的秘密方法。随后，你可以使用这一诱饵来吸引那些对网络营销已经感兴趣的人们，以及你知道会为你的团队做出巨大贡献的人们。

联营营销人员 制作你自己的 CD 或 DVD，免费赠送给人们，并且建立你自己的邮件列表，然后在后端出售其他人的产品与服务。不知道使用什么内容？你甚至可以采访某些比你更懂这个行业的人。

线下企业老板 想一想你的企业，以及你正在帮客户解决的问题。为你的潜在客户想清楚最重大的问题，并告诉他们你的独特解决方案。在 CD 或 DVD 上录制这一解决方案，并将它赠送给潜在客户。或者，找一种实体产品免费赠出，只要可以吸引客户，并且让客户进入你的价值阶梯，不论是什么产品都行。

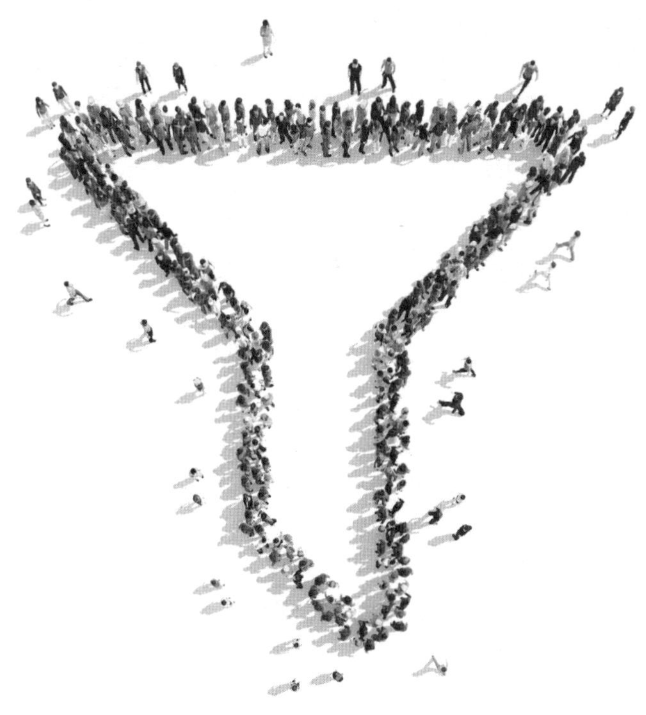

第 4 部分

销售漏斗及台词：与其滔滔不绝，不如言简意赅

每一个销售漏斗都有与之相匹配的台词，不同的时刻、价值阶梯的不同阶段需要不同的组合方式和使用技巧。在遵守规则的前提下，灵活调整、量身定制，才能快速打开局面、抓住人心、赢得客户。

前端漏斗 1

“产品免费，邮费自理”两步走漏斗

两步走漏斗非常适合“产品免费，邮费自理”策略。第一个页面通常是一段视频，介绍产品相关的问题——“谁”“什么”“为什么”“怎么做”等。接下来，页面会询问网友：“我应当将它发货到哪里？”在网友填写发货地址（那是第一步）后，转向第二步。

在第二步中，网友需要为了支付邮费和手续费而填写信用卡信息。你要在第一个页面提醒网友，他需要自行支付邮费和手续费。如果不提醒，便是非常不道德的，这会让你失去将网友带到价值阶梯中的机会，会惹恼他们。所以说，千万别那么做！

正如我此前提到的那样，在第二步添加额外销售订购单，是增加前端营业收入的绝好方式。并非填写了第一步中的表格的每个人，都会填写第二步中的表格，因此，我会在第一步时就要求网友提供电子邮件地址。这样我就可以将网友留住更长时间，以获得更多信息。

在网友填写第二步中的表格并点击“提交”按钮之后，我会引领他们到特定的、一次性优惠计划之中，引导他们升级订购需求。我将在和你分享销售台词时，解释一次性优惠计划的心理学原理。

图 14.1 是一次性优惠计划的模型之一，但在销售漏斗之中，我们通常会增加两三次向上销售和向下销售，因此，你不必将自己限制在只能增销一款产品或一种服务。

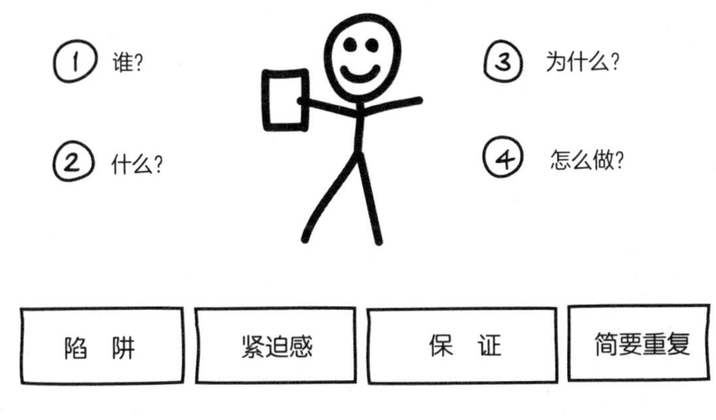

图 14.1 “谁、什么、为什么、怎么做”销售台词

两步走漏斗背后的心理学原理让人惊奇：当人们看不到那个要求他们填写信息的长表格时，更有可能填好第一步中的表格。而一旦他们进入了信息表格，就会继续填完，因为他们的大脑已经适应了填写表格的过程了。

有意思的是，我常常发现，第一步中的转换效果，比普通的名单攫取页更好，因为我会要求网友提供完整的邮寄地址，而不是电子邮件地址。这可能是由于，人们认为，通过邮件收到实物产品，比收到数字化信息更有价值。你可以在以下网站找到生动的示例：www.DotComSecretsLabs.com。

当客户怀疑你在挖陷阱

图 14.1 是我使用两步走漏斗时通常使用的台词。类似于“产品免费，邮费自理”的低价产品，通常不需要包含大量信息的冗长销售信息。你得切

“产品免费，邮费自理”两步走漏斗

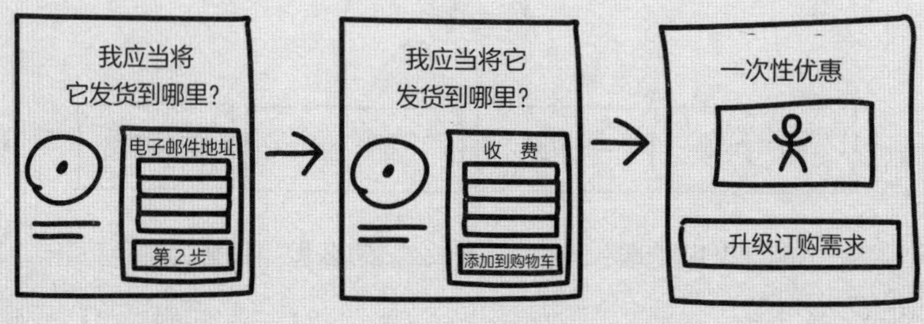

两步走漏斗背后的心理学原理让人惊奇：当人们看不到那个要求他们填写信用卡信息的长表格时，更有可能填写好第一步中的表格。而一旦他们进入了信用卡信息表格，也会继续填完，因为他们的大脑已经适应了填写表格的过程了。

中主要卖点，并且尽快建立你的可信度。只要制作一段小小的视频，回答“谁、什么、为什么、怎么做”四个问题，再增加一些文字就可以了。

以下是一段短小精悍的台词，它回答了潜在客户看到低端的产品与服务时，脑海中萦绕的主要问题。

谁 你是谁？请简要介绍自己。

“你好，我是拉塞尔·布伦森，DotComSecrets 公司的创始人。”

什么 你拥有什么？请简要介绍你的产品或服务。

“我有一张免费 DVD，它将教会你____________。”

为什么 为什么他们需要？解释你的产品或服务的好处。

“如果你正在____________事情上陷入困境，那么，你需要这张 DVD，因为它将____________。”

怎么做 他们怎么拿到它？引领他们走一遍订购流程，以便他们知道可以期望得到什么。

“请填写页面右侧的表格，告诉我们你的邮寄地址，我们将马上发货给你。”

陷阱 告诉他们，你为什么以这么低的价格提供这件产品。人们总是怀疑你会给他们挖一个陷阱。因此，不要故意绕开这个话题，而是非常清楚地告诉他们，这里没有陷阱。

“这里没有陷阱。我这么做，是因为____________。对你来说，你只需要提供邮寄地址并支付邮费就可以了。”

紧迫感 解释为什么他们应当马上订购。

“这份资料，我手头的数量十分有限，因此，不要被人抢走了。”

“这次活动会在（日期）的午夜结束。别等了！”

保证 消除订购该产品的任何风险。

“如果你不喜欢，会得到全额退款，并留下那张 DVD。”

简要重复 提醒他们可以得到什么，及为什么要得到它。

“再次提醒你，这张 DVD 将教会你____________。”

两步走漏斗非常适合用于转换冷的网站流量，并让网友变成订阅者和客户。销售过程简短精练，因为你销售的是价值阶梯上的低端产品与服务。现在，客户已经完成了第一次购买，下面，我们将使用不同的台词来推销一次性优惠产品与服务。

成交一笔 2 000 美元的订单需要多久？3 分钟！

一次性优惠指的是，你向那些刚刚购买了产品的人们提供的特别优惠。我们会在所有的产品与服务（两步走漏斗销售的产品与服务）上，都运用这种一次性优惠的台词。也就是说，你可以、也应当在任何向上销售的场合中使用这一台词（图 14.2）。

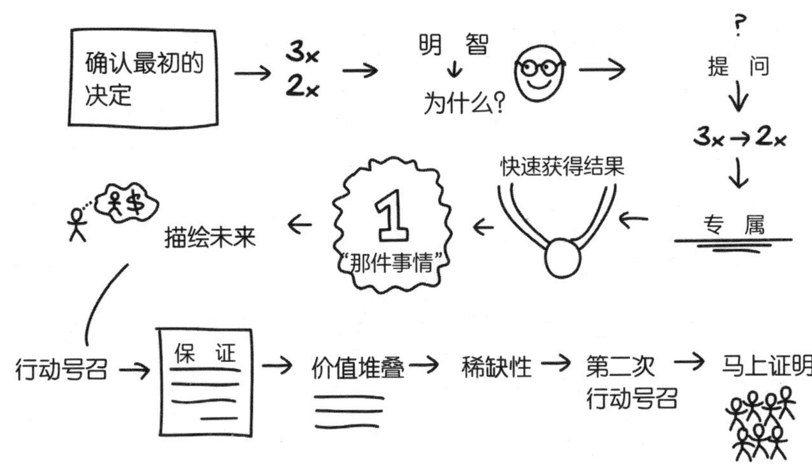

图 14.2 一次性优惠策略的台词

过去，我试图在一次性优惠中运用更长的销售流程，但转化率并没有显著提高。直到我的团队构思出正确的台词——先把关注焦点放在确认第一次购买上，然后迅速说服客户同意第二次购买——销售业绩才出现大幅增长。

通常来讲，这种一次性优惠的视频，只有三五分钟，却可以说服客户购买 97 ~ 2 000 美元，甚至是超过 2 000 美元的产品与服务。

在你使用这套台词之前，需要理解的一个关键是如何推出你的一次性优惠计划。说服客户同意第二次购买，80% 在于产品与服务的组合与安排，20% 在于台词。因此，这里有几条指导原则，帮助你正确地组合产品与服务。

规则 1　不要推销更多同样的产品与服务。这是大多数企业家在向上销售时会犯的最大错误。他们企图向刚刚已经完成购买的客户，推销更多件同样的产品与服务。如果客户购买了一本名为《怎样通过果汁来减肥》的书，那么，你接下来推销的产品与服务，绝不能是另一本关于榨汁的书。因为客户会认为自己已经做了那些事情。向他们推销更多一模一样的产品与服务，很少能够成功。

规则 2　不要推销随机的产品。如果说销售更多同样的产品或服务已经很糟糕了，向客户推销随机的、与第一次推销的东西没有关联的产品，就更糟糕了。

如果前端的产品与服务，与向上销售的产品与服务之间不存在逻辑关联，将对你转换潜在客户的努力造成致命打击。你应当以下面三种方式中的一种，来组合向上销售的产品与服务。

第 1 种方法：下一件事情。这是我在进行向上销售时最喜欢的方法。如果有人买了《怎样通过果汁来减肥》，那么，为了达到目的，他可能需要的下一款产品或服务将是什么呢？他刚刚学会榨果汁，但要记住，他榨果汁是为了减肥。因此，除了榨果汁以外，还有些别的什么可以帮助他达到减肥目的？是减肥训练手册吗？他会不会对与食物热量有关的产品感兴趣？那些能够帮助客户实现核心目标的产品与服务，将很好地将潜在客户转换成实实在在的客户。

第 2 种方法：加快推销速度。如果你有一种方法、一件工具、一门技艺或者一个软件程序，它可以辅助最初的产品和服务，帮助客户更快地得到想要的结果，那么，加快推销速度的向上销售就是正确的做法。

关键在于，你最初销售的产品与服务，在没有向上销售的产品的配合下，也能正常使用。不然，你的新客户就会很反感，这等于是在告诉他们，他们刚刚购买的东西是不完整的。

第 3 种方法：询问对方。这种类型的向上销售，将推动客户朝着你的价值阶梯向上攀登，以抵达你的高端产品与服务。这意味着，客户可以从你这里获取特别为他量身定制的解决方案。我们是在询问客户，是否需要帮助他们执行刚刚在价值阶梯的前端购买的产品和服务。

现在，你了解了组织和安排向上销售的方法，它们都已经被实践证明。现在，让我向你展示怎样运用一次性优惠的台词。以下是一种对话模式，你可以参考它，以构思你自己的一次性优惠的台词。

一方面，你应当调整语言，使之与你的产品与服务相匹配；另一方面，你应该按照我介绍的顺序来执行。我已经为你组织了至关重要的要素，从开始到结束，没有任何遗漏。

确认最初的决定 确认最初的决定，对于消除客户任何可能的懊悔非常重要，因为它强调客户最初作出的购买决策是正确的。此外，这有利于让你在本阶段保持一个开放的循环。在开始推出向上销售的产品与服务之前，我们喜欢这样说："恭喜你，你的订购已经完成。"这种语言，无异于关闭了销售循环。潜在客户会想："好，我做完了。"于是，你难以再对他们进行第二次转换。

但只要我们将措词换一换，变成："等等！你的订购还没有完成！"那么，销售循环依然是打开的，我们的转换还可以继续。为什么？因为客户在潜意识中依然有可能购买其他的东西。真的很酷，是不是？

恭喜你购买了____________，但你的订购还没完全结束。

从"明智"到"为什么" 告诉客户，他做出了明智的选择，购买了第一件产品或者第一项服务，并且解释为什么这是明智的。

你做出了明智的选择，因为____________。

你订购这件产品和这项服务，因为你想____________，那正是我打算为你做的。

提问 问客户，他是否想更早获得想要的结果。

你想不想比现在快两倍获得想要结果？

你想不想在（几天或几个星期）之内获得（结果）？

专属 解释为什么这次的一次性优惠并不是每个人都有的。

这次的优惠，不是针对所有人。仅仅因为你已经证明自己是个行动者，充分利用了（最初的产品与服务），才有机会获得这次的一次性优惠。因此，我打算现在、马上为您提供一次性优惠产品与服务。

迅速获得结果 解释这次的一次性优惠将更迅速地产生更好的结果，以让对方最大限度地享受本次消费活动。

我现在想跟你分享的东西，将帮助您尽快获得您想要的结果，（补充上客户想要的具体结果）。

“那件事情” 你得找出对客户想要获得的结果来说，十分关键的、你的产品中的那件事情。这件事情通常很难办，因为大多数人会想清楚解释自己的产品或服务，但如果真的这样做了，你的销售计划就会胎死腹中。你得想出最宝贵的、将带来最好结果的“那件事情”。

例如，在我的一次性优惠活动中，我推销的是“完美网络研讨会”系统，里面包括一段录制超过 24 小时的视频。但我并没有把客户将要学到的所有东西，在视频中全盘托出，而是聚焦于一件事情，即演示一种叫作“堆叠”的概念。我解释了它是什么、为我赚了多少钱、赢得了怎样的结果，以及客户可以从这样东西中获得什么。

我还卖过另一款产品，它的名字叫__________。我没有时间来向你详细介绍这款产品，因为我们只能在这里待几个小时，但在这款产品中，有一种能够使你迅速获得你想要结果的策略，即__________。让我向你解释它是什么，以及它可以怎样帮你。(在此处插入解释)，而那就是你将从这款产品中得到的。

描绘未来 帮助客户想象更快、更容易地实现目标。

你能想象，当你拥有__________时，你的生活会变成什么样子吗?

行动号召 告诉客户怎样订购特殊优惠产品。

现在，点击右下角的按钮，将__________增加到你的订购单中。

保证 用保证消除客户可能感知到的风险。

我保证__________。

价值堆叠 提供宝贵的福利。这里有一条创造福利的秘诀：将你的产品中最宝贵的部分取出来，也就是说，将客户最想要的东西单独拿出来，对其进行包装，并作为免费的福利提供给客户。没有人不想免费获得他们最想要的东西。

如果你现在就行动，还将免费获得（价值____美元）。

稀缺性 给客户一个理由，让他们现在就订购！这是一次性优惠的关键步骤。

这款（产品名称）可从我的网站上购买，价格是（更高的价格）。但现在，你有一次机会，只以____________的价格买下它。这种优惠幅度，只有现在才有。一旦你离开这个页面，再也没有机会了。

第二次行动号召 重复你的行动号召。

机不可失失不再来，现在点击按钮吧！

马上证明 为你的产品增加权威证明，越多越好。

不要只听我说，你可以看看别人是怎么评价这款产品的：_____________。

这便是一次性优惠销售台词的基本框架。它和其他台词一样，为你指明了道路，帮助你引导客户一路前进，使他们进入购买你的产品与服务的状态。你可以自由地往台词里添加你的个性特点。要记住，你的魅力角色，是使这些台词变得鲜活生动的关键。因此，把这些台词当成指南，但嵌入你自己的个性特点，以实现最大规模的转换。

前端漏斗 2

自动清偿漏斗

一般来讲，在产品定价为 27 ～ 97 美元时，我们会使用自动清偿漏斗。主要目的是让这款产品补偿购买网站流量的支出。没人希望亏损，这正是我们推出自动清偿产品与服务的原因。当你适当地组合、推出这类产品时，便不用再考虑任何网站流量成本，你的向上销售将成为纯利润。

通常情况下，在价值阶梯的前端，你提供的“产品免费，邮费自理”产品与服务，会让你亏一些钱，但可以通过向上销售实现保本以及盈利。而自动清偿的产品与服务，可以让你在进行向上销售之前就实现保本。

你要在名单攫取页上，用免费的视频、报告、电子书或其他吸引潜在客户的“磁铁”吸引网友。一般而言，我之所以“贿赂”网友，是为了让他们给我邮件地址，而所谓的“贿赂”，则是下一个页面上的视频或者销售信。

当网友加入邮件列表，他们便会在你的自动清偿页上着陆，而你正是在这个页面上，出售你的产品与服务。通常来讲，在自动清偿页上，会有一段视频或者带有长表格与文字的销售信。在信中，你要运用“明星、故事和解决方案”的台词来介绍你的自动清偿产品与服务。

由于这件产品或服务的价格，比起“产品免费，邮费自理”产品与服务要贵得多，因此，正常情况下，你得用更长的台词来说服网友，让他们足够舒服地作出购买决策。而这就要用到“明星、故事和解决方案”销售台词。

在订购单上，你可以添加额外销售订购单，然后将它们放到你的一次性优惠序列中，接着使用我提供给你的一次性优惠台词。

我之所以喜欢“明星、故事和解决方案”销售台词，是因为它帮助我向新的网友介绍我的魅力角色，同时也向他们销售我的产品。

“明星、故事和解决方案”这个概念不是我发明的。我采访过一个人，他在 23 个月里，通过销售营养补充产品，赚了 1 亿美元。在那次采访中，我第一次听说这个概念。他告诉我他的所有产品都是通过这种台词实现销售的。台词的框架十分简单（图 15.1）。

图 15.1 “明星、故事和解决方案”销售台词框架

首先，你需要一个明星（魅力角色）；其次，你需要一个能引起某个话题的故事；最后，你得提供一套解决方案（你的产品）。这是一种强大的话术框架，但花了近 10 年的时间，我才想出怎样填充其中的每一部分。知道怎样通过每一部分来引领潜在客户，我便能一而再、再而三地使用它发展我的公司以及我的数百位客户的公司。

有时候，这套台词的细节会让我有些不知所措，毕竟，它包含 44 句话！但慢慢来，每次只研究其中的一个部分，你就不会有那种感觉了。这 44 句话，有的只有短短一行，有的可能稍长一些，因为你需要嵌入你的真实故事，以定义你的魅力角色。

你可以把这套台词想象为 44 级台阶，你拾级而上，最终成功地达成销售。对于每一部分，你可以根据喜好写长一些或者短一些。如果你遵循这套台词，到你学完它时，就将拥有一封出彩的销售信。

步骤 1　明星登场

模式中断　模式中断通常是潜在客户首先经历的阶段。重要的是抓住他们的眼球，让他们从当前的环境或活动中走出来，并将他们吸引到你的销售广告语中。这并不容易，但作用显著。这里有一个成功的模式中断的例子，我们曾将其用在一款治疗色情成瘾的产品上。

> 它又一次发生了？发生在你身上或你爱的某个人身上。
>
> 每个人的情况都不同，但其结果，通常都相同……

通常情况下，第二步的核心渴望问题也可以实现模式中断。有些人会选择播放销售视频，展示不同寻常的图片，并这样说：

> 这只奇怪的小海龟，它和你会有什么关联？我将在这则视频中向你展示，但首先……

核心渴望问题　这是指通过一系列问题，使潜在客户思考他们最渴望的东西。这些问题会将客户的思绪转移到你想要探讨的话题上，那正是他们可以实现的结果或取得的成果。这里有一个核心渴望问题的例子，来自于我的 ListHacking 产品。

我想问你一个问题，你有没有想过在家里上班，或者，拥有自己的公司？我知道，你想要那样的生活方式……每个人都在谈论那种生活方式……那样的话，你可以在家穿着睡衣工作，或者，在海滩上用你的笔记本电脑工作……

提起过去的失败 如果潜在客户花时间读了你的销售信，那么，很可能这已经不是他们第一次考虑解决问题了。假如他们已经获得了期望的结果，那就不用再到网上搜索或者点击你的广告了，对不对？因此，你可以知道，他们可能一直在努力追求那种结果，但没有成功。销售信的这一部分，就是要提起他们过往的失败。

那么，(期望的结果)为什么还没发生在你身上？来吧，别掩饰了。这并不是你第一次寻找可靠的赚钱方法，不是吗？事情什么时候会有转机？

重要承诺 /“那件事情” 在这里，你要介绍你的重要承诺，也是你在销售信的其他部分中着重探讨的那件事情。

当你把这段视频看完时，你将发现____________。

介绍明星 在重申重要承诺后，你要马上介绍故事中的明星。这个明星，便是你的魅力角色（图 15.2）。我通常使用时势造就的英雄角色作为我的魅力角色。但要记住，你也可以使用领导者、冒险者、布道者，或者你认为合适你的产品与市场的其他原型。

嘿，我的名字叫拉塞尔。几年前，我还和你一样……

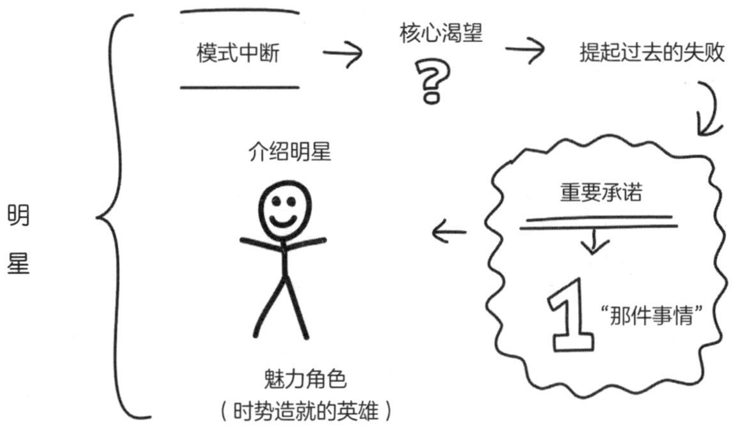

图 15.2　销售信的第一部分：明星

步骤 2　补充故事背景

现在，是时候进入销售信的第二部分了，也就是魅力角色的故事。如果你已经按肥皂剧序列撰写了 5 封邮件给潜在客户，那么，你会觉得这一部分看起来相当熟悉（图 15.3）。

高度的戏剧性　不论你什么时候开始讲一个故事，都要以高度的戏剧性开头。开头的时候不要这样："呃，我早上醒来之后，吃了两个鸡蛋，然后穿好衣服，出门上班……"而是要这样："那把枪几乎快顶到我的脸上。我望着黑洞洞的枪口，甚至可以看到枪膛中就要发射的子弹。我的心提到了嗓子眼，汗水简直要流成河……"

想一想你最喜欢的电影。它们会从故事的开头开始描述，过了很久才呈现主要事件吗？也许不会。好电影和好故事一样，都从高度紧张的那一刻开始。你的销售信也得这样。在强有力的、戏剧性的、令人无法抗拒的那一刻，推出你的魅力角色。

自动清偿漏斗

不论你什么时候开始讲一个故事，都要以高度的戏剧性开头。开头的时候不要这样："呃，我早上醒来之后，吃了两个鸡蛋，然后穿好衣服，出门上班……"而是要这样："那把枪几乎快顶到我的脸上……"

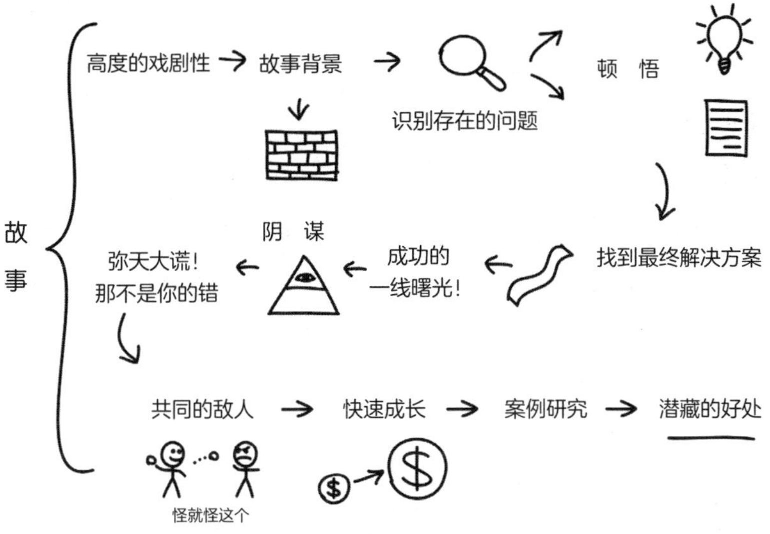

图 15.3 销售信的第二部分：故事

我从桌子底下爬出来，差点碰到头。我一把抓住电话……

我低声嘟哝了一句："你好。"

电话那头传来这样的声音："你他妈在做什么？！"

我满腹疑惑，不明白对方在愤怒什么。

"在过去的半年里，我们收到了 30 次垃圾邮件的投诉，这些全都来自你的 IP 地址……拉塞尔，你是垃圾邮件发送者，我们打算关闭你的网络访问。"

"什么？！"

我怔住了……

我感到喉咙被什么东西卡住了。

挂掉电话之后，我意识到，必须立刻向我那刚刚结婚六个星期的妻子解释为什么我们的网络会被断掉。

故事背景 接下来你要填充背景：事情到底是怎么一步一步发展到那种高度戏剧性的场面的。你或者你的魅力角色，是怎么到那一地步的？重要的是，故事主角最终碰了壁，最终完全陷入了困境。

顺便提一下，这可能也是潜在客户目前的状况。他们可能正试图通过网络赚钱、减肥、寻求得到你承诺的某种结果，但似乎没有成功。故事背景会让他们重回那毫无希望的灰暗日子。

> 你瞧，仅仅6小时之前，我正式创办了我的新公司，成为一名电子邮件营销商……
>
> 至少，我自己是这么认为的。
>
> 大约一年前，我尝试进行线上营销。当时，我经常听人们谈论：“你可以拥有的最重要的东西是邮件列表。”
>
> 我眼前一亮。如果我的邮件列表中有1万人，正在销售一件5美元的产品，那么，只要有10%的人购买……
>
> 我便能赚到5 000美元！（1万人的10%就是1 000人，乘以5美元，等于5 000美元）完全有道理，对不对？
>
> 我看到别人就是这样做的。我只需要一个邮件列表。
>
> 但我不知道怎么弄到这样的列表……

识别存在的问题 现在，可以揭示存在的问题了。让潜在客户知道，为什么你的魅力角色陷入了困境（那可能也是潜在客户陷入困境的原因）。事实上，你越是能够将魅力角色的问题与潜在客户的问题联系起来，就越能吸引他们的注意。

> 我的问题是__________。

顿悟　当魅力角色精确地指出存在的问题，这意味着，在不久之前，他有了一种顿悟，或者决定彻底改变其行为或心态。例如，你的魅力角色可能对线上赚钱有了一种顿悟，突然意识到自己必须创建一个邮件列表。或者，为了减肥，他必须彻底改变饮食习惯。

也正是在那个时候，我决定作出改变。

找到最终解决方案　接着，描述你或者你的魅力角色在找到成功之路前，做过的一些不同尝试。

起初，我试着____________，但那根本不管用。

后来，我又试着____________，情况有一点点好转。

成功的一线曙光　让读者看到成功的曙光。在那一刻，一些潜在客户可能刚刚尝到胜利的甜头。你要让他们看着你的经历，让他们知道你迈向了最终的成功，而他们也能像你一样。

最后，我试着____________。猜猜发生了什么？这一次，我（魅力角色）成功了！

阴谋　告诉他们，你最终是怎样发现一开始对你不利的因素的。你的潜在客户可能也已经知道当前是什么让他们处在不利境地，而你得通过你（魅力角色）的故事来帮助他们摆脱这种境地。

那个时候，我意识到，那并不是我的错！那是由于____________。难怪我的业务这么难开展！

弥天大谎 解释为什么他们还没有成功，指出那不是他们的错。

多年来，他们一直告诉我__________，而当我意识到那并不是真的时，我终于挣脱锁链，得到我期望的结果。

共同的敌人 找出敌对事件，也就是阻碍你或你的魅力角色取得成功的元凶。

真正的问题在于__________。他们(它们)是妨碍我(魅力角色)的元凶。

快速成长 告诉潜在客户，你在知道真相后，是怎么快速成长的。

一旦我（魅力角色）意识到__________，就开始真正快速地__________了。

案例研究 突出那些已经取得成功的人们的故事，指出它们和你或者你的魅力角色的故事十分相似。

不仅仅我是这样的。看一看其他人吧。他们__________。

潜藏的好处 解释你并没有预料到的好处，它们来源于你正在向客户推销的那件产品 / 服务。

开始时，我并没有意识到，它不仅能够__________，而且能够__________，还能__________。

步骤 3 提出解决方案

现在，是时候把各个步骤组合起来，将你的销售台词整合成一个精美礼包了，那样的话，客户才可能为此买单（图 15.4）。

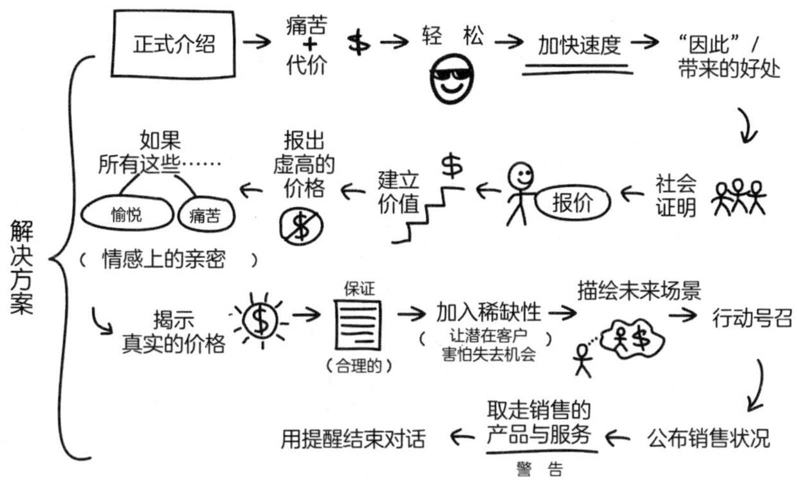

图 15.4 销售信的第三部分：解决方案

正式介绍 介绍该产品。

那正是我生产（创造、制作）____________的原因。

痛苦与代价 告诉他们，为了生产（创造、制作）那件产品，你经历了怎样的艰难困苦。

这让我花了（时间）来生产（创造、制作），并且让我付出了____________。但那些时间和代价完全值得。

轻松　那件产品，节省了你多少精力？

它让____________变得轻松（容易）多了！

加快速度　你的产品让你节省了多少时间？

以前让我花（时间）的事情，如今能在（时间）内做完。

“因此”/带来的好处　通过列举三四条好处，解释为什么客户需要这款产品，注意用上“因此”二字。

你在睡觉的时候都可以燃烧脂肪，因此，不用锻炼便能减肥。

能够在自动导航上创建你的列表，因此，你可以聚精会神地经营你的公司。

社会证明　提供你的证明，让潜在客户看看其他人如何评价你的产品。

不要听我的一面之辞，这里有其他人对这款产品的评价。

“它每天都帮我节省了时间和精力！我喜欢它和____________。”

报价　解释客户将得到什么。

开始之前，让我问你一个问题：

你会购买吗？不用花两顿饭的钱，你便能够了解其中的一切。

尽管你还不能看到所有的好处，但我将向你保证，只要你买下它，便能有____________的体验。

建立价值 提供额外的福利，确保它们支持“那件事情”，也就是说，支持你的整篇销售信中重点探讨的那样东西。

此外，你还将获得__________和__________。

报出虚高的价格 告诉读者，如果他们单独买下这款产品，应该支付多少钱。那个数字应当比实际的价格高出许多，但你必须保证，产品确实值你刚刚说的那么多钱。要讲道德。你可以根据其价值解释，为什么报出的价格是合理的。

所有这些，总价值__________，因为__________。

如果所有这些……（情感上的亲密） 使用“如果所有这些……”的句式，帮助锚定那件产品或那项服务，让客户相信你此前提出的价格是合理的，即运用“趋向愉悦”和“远离痛苦”的表述。

如果所有这些能让你住上梦寐以求的房子，它是不是很值得呢？（趋向愉悦）

如果所有这些可以让你炒掉老板，自己当家作主，它是不是很值得呢？（远离痛苦）

揭示真实的价格 现在，告诉客户，他们实际上只需支付多少钱。这一价格，应当比你此前提出的价格低得多。

我会收你（金额），也只会收你这么多钱。

保证（合理的） 消除潜在客户可能感受到的任何风险。记得给你的保证取一些疯狂的名字。

我会承担所有的风险，并且给你我（疯狂的名字）的保证。

加入稀缺性（让潜在客户害怕失去机会） 给客户一个合情、合理、合法的理由，让他们现在就点击“购买”按钮。

但你必须现在就买下，因为＿＿＿＿＿＿。

描绘未来场景 帮助客户想象，在购买了产品之后，他们的生活会变得多么精彩。

只要想一想，当你＿＿＿＿＿＿时，你的生活会发生＿＿＿＿＿＿的变化。

行动号召 告诉客户怎样购买，以及接下来会发生什么。

请现在就点击按钮，这样，你将得到一张安全的订购单。填好信用卡信息后，你将进入一个安全的会员区域，在那里，你可以下载资料，即使是凌晨2：00也可以！

公布销售战况 让客户觉得如不马上行动，他们便会落后于人。

那些已经确认购买的人，接下来便会迎接＿＿＿＿＿＿。

取走销售的产品与服务（警告） 向客户解释，如果他们再不作出决定，那么，关于他们订购还是不订购，一切都将不再重要。

你看______________，你是不是现在就签下订单，对我们来说，已经不重要了。

我们每天的业务依然红红火火，所以不论你是否现在就购买，我们绝对可以达到我们的销售目标。不过，没有我们的帮助，你将始终在那里艰难地徘徊，而你真的不必如此。

这听起来有点刺耳，但我觉得，你会觉得我说得没错。

用提醒结束对话 对那些只是略读了信件的人来说，这是一种总结。但它也可以提醒所有的潜在客户。

记住，你将得到（简要地重新描述该产品或服务）。

就是这样。这便是较长格式的“明星、故事和解决方案”销售信的全部台词。它既非常适合文字销售信，也非常适合视频销售信。别忘了，你要把魅力角色的个性特点，灌输到每一个步骤中去。用这 44 句话作为基本框架，认真构思你的销售台词。

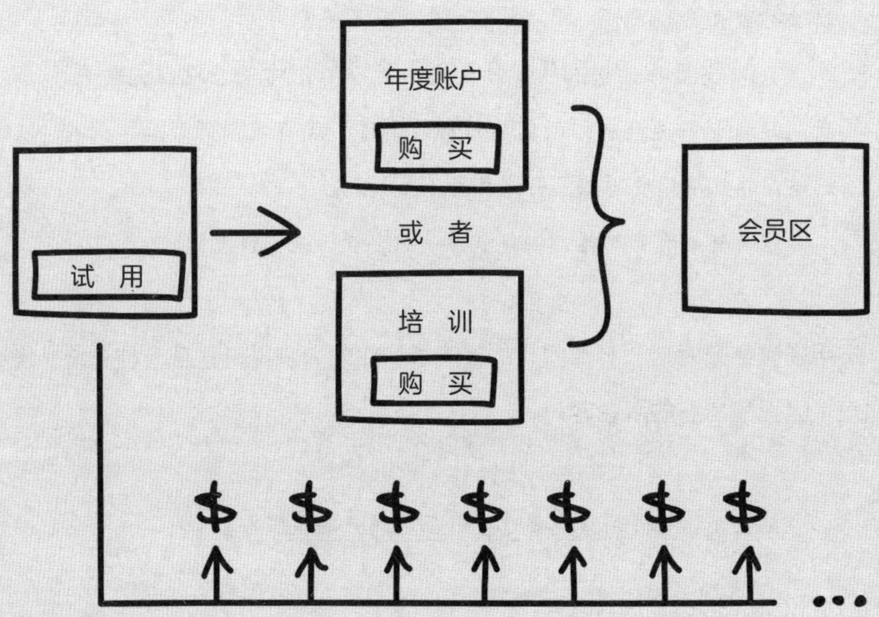

只要网友加入了连续计划，我便可以定期为连续出售的产品与服务收费。一般来讲，我会按月收费，但也可以每周或者每年收取一次。

前端漏斗 3

连续计划漏斗

我想和你分享的最后一种类型的前端漏斗是连续计划漏斗。我的导师戴维·弗雷（David Frey）说过，如果你没有连续计划，那就做不成业务。我发自内心地赞同这一观点。

各行各业都可以通过连续计划增加营收。连续计划是每一个价值阶梯都不可或缺的组成部分。通过不间断地访问信息、软件或者使用其他产品，连续计划可以让你定期（通常是每周一次）获得回报。

连续计划漏斗本身十分简单。引导网友沿着两步走漏斗或者自动清偿漏斗行动起来，并按照肥皂剧序列给他们发送电子邮件后，我通常会再给他们发送一封简短的邮件，推广我的连续计划漏斗。

只要网友加入了计划，我便可以定期为连续出售的产品与服务收费。一般来讲，我会按月收费，但也可以每周或者每年收取一次。

很多人问我，他们应当在哪些领域使用连续计划漏斗。你可以把这种漏斗当成一种前端产品与服务，以吸引潜在客户，但我更喜欢把它们当成第二个漏斗，也就是说，在客户与魅力角色建立联系之后使用。

等待，可以大幅度地提高黏附率。也就是说，客户在很长一段时间内，依然是活跃的付费会员。

关于这个漏斗，一件令人兴奋的事情是，你可以使用我们在上面已经介绍过的台词，使网友加入你的连续计划。如果是销售免费的或者价格为 1 美元的试用产品，那么，一般最适合使用“谁、什么、为什么、怎么做”销售台词。

我们已经在添加额外销售的订购单方面，取得了不可思议的成功。那些额外销售的产品与服务，给客户提供了一些培训，教他们怎样使用连续计划。如果你手头没有试用的产品，而你正打算推销连续计划，我建议你使用“明星、故事和解决方案”销售台词。

在客户已经付费，成为会员之后，你可以像我们较早前探讨过的那样，组织一次性优惠的产品与服务。我们发现，针对年度账户或终生账户，使用连续计划漏斗进行向上销售会极其有效。

中端漏斗 4

完美网络研讨会漏斗

过去的几年，网络研讨会成为一种极受欢迎的营销工具，因为它们真的非常有效。它们将老一套的远程研讨会模式升级到全新的版本。回顾我在讲台上演讲的日子，我的主要收入来自演示结束之后销售的产品与培训课程。这被称为“会议室后面”的销售，因为会议室后面摆着一张桌子，等到我的演讲结束，不论我推销的是什么产品或服务，观众都可以到那里去购买。

那种模式真的十分有效，但销售结果受到会议室内观众人数的限制。也许世界上有成百上千的人喜欢你的产品，但出于某些原因，他们参加不了这种现场的研讨会。网络研讨会彻底改变了那种状况。

有了网络研讨会，你可以在网络上发表你的演讲，人们不必亲自到你演讲的地方，同样地，你也不必到处演讲了。

最基本的网络研讨会就是一次幻灯片演示，只是你在互联网上实时地（或者事先录制好）演讲。这使你能够在地球上的任何一个角落，向任何一位网友进行销售演示。网络研讨会最好的地方在于，你可以一次录制，多次传播，即“自动网络研讨会”。

自动网络研讨会让我在短短几年时间里发家致富。根据你的需要，网络研讨会的时长可长可短。事实上，你将在下一章里学习的隐形漏斗网络研讨会，可能长达4小时！下面即将探讨的完美网络研讨会，通常为60 ~ 90分钟。

大多数网络研讨会可以被分成两个部分：内容和销售说辞。有时，你可能要举行全都是内容的网络研讨会，但大多数情况下，在演示结束后，你要销售些什么东西。你要向网友承诺，你会在网络研讨会上教他们一些技能。然后，如果他们想了解更多或更深，他们可以购买你的产品或者参加培训课程。

重要的是，网络研讨会的内容本身就很宝贵，但正如你将从完美网络研讨会的台词中看到的那样，你可以精心组织你的材料，搭建自己的销售平台。在本章中，我们将探讨可用于一次性的网络研讨会，又可用于自动网络研讨会的销售漏斗。

“互联网 +”时代，你的知识如何变现？

网络研讨会漏斗十分简单。首先，把网站流量推送到一个注册页面上，在那个页面上，你需要插入某种类型的销售信或销售视频，鼓励网友注册参加网络研讨会。一般情况下，我在网络研讨会的注册页面上会使用“谁、什么、为什么、怎么做”的台词。在观看视频或者阅读广告词之后，感兴趣的潜在客户会填写他们的姓名和电子邮件地址进行注册。这样的话，他们就会加入我的邮件列表。

然后，你需要给他们发送一个确认页面，提醒他们网络研讨会的日期和时间，并让他们知道怎样参加。到了约定的时间，他们来参加网络研讨会，你便可以向他们推销产品。通常情况下，出于某些原因，很多人不能参加网络研讨会的直播。因此，你要给他们发送录制好的视频。毕竟，听到你的销售说辞的人越多，你可能卖出的产品就越多。

通常我会直播一次网络研讨会，然后利用那次活动的录像，建立一个自动网络研讨会漏斗，这样就能够持续向那个网站推送流量（图 17.1）。这种方法很棒，因为你可以全天候地销售你的产品！在我写作本书时，我就有两场网络研讨会正在进行，每一场都让我赚了 100 多万美元。

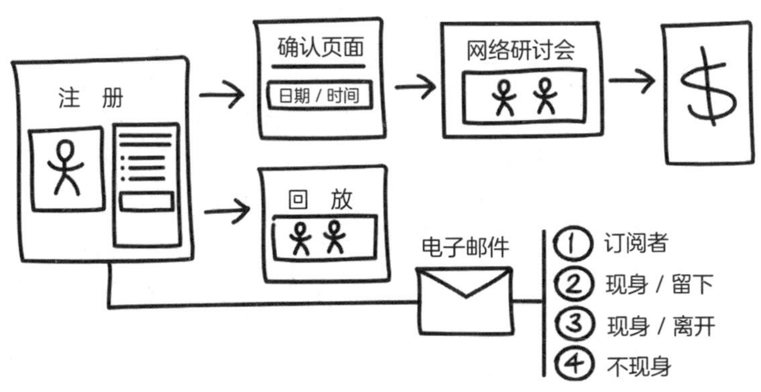

图 17.1 自动网络研讨会漏斗

给普通的销售网络研讨会漏斗增加几个额外的步骤，就可以使它自动运行。首先，使用“谁、什么、为什么、怎么做”的台词，把网站流量推送到注册页面上。网友会在那里输入姓名和电子邮件地址进行注册。随后，他们进入确认页面，在那里了解网络研讨会举行的日期和时间，以便安排将来的工作和生活。他们也可以马上选择观看录制的视频。

这种网络研讨会与普通的销售网络研讨会差不多：我们提供内容，并在网络研讨会结束时销售某些东西。等一下我将向你介绍完美网络研讨会的台词，告诉你到底怎么做。

当参与的网友离开时，我的团队会小心翼翼地追踪观察，然后根据他们观看研讨会的时长，发出一系列不同的电子邮件。订阅了网络研讨会的所有网友，都会收到一系列的电子邮件。参加了并自始至终看完了网络研讨会的网友，则会收到另外一系列电子邮件。参加了却较早退出的网友，收到的电子邮件又是另外一个系列。那些没能来参加的网友，收到的电子邮件系列又完全不同，这些邮件将鼓励他们观看录制好的视频。

每个邮件序列都是在鼓励网友，要么鼓励他们回来看完视频，要么鼓励他们订购我们的产品。而一旦网友决定订购,电子邮件的系列会自动停止发送。

堆叠，让客户感觉“赚大了！”

现在，网友已经完成注册，下面，你该说些什么？你怎样组织网络研讨会，与你在结束时能销售多少产品与服务，有着千丝万缕的联系。

一般的网络研讨会分为三个部分：介绍、内容和堆叠（销售说辞）。在过去 10 年里，我经常在世界各地对观众进行演讲并推销，有各种机会从世界上最优秀的讲台销售人才那里学习。这份台词，

融合了我从 10 多位著名专家那里学来的策略。它是一份摘要概述，如今，我在每一场网络研讨会中都会使用它。事实证明，它很管用。

这份台词有些长，希望你不要混淆。只要把它想成三个部分——介绍、内容和堆叠，然后用提供的台词填充它们即可（图 17.2）。

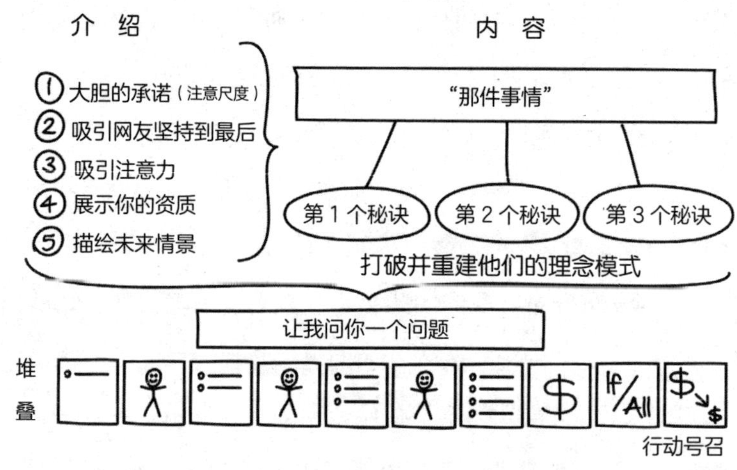

图 17.2　完美网络研讨会销售台词

第 1 部分：介绍

花大约 5 分钟的时间介绍你自己、你的主题以及你的可信度。

你好，我是拉塞尔·布伦森，DotComSecrets 公司创始人和好几家营收达数百万美元公司的 CEO。

重要承诺 重申你的重要承诺。就是使网友愿意注册成会员的“那件事情”，那是他们判断你的网络研讨会质量好坏的依据。如果你不确定怎样做，他们就可能根据你没办法掌控的东西，来衡量你的网络研讨会的价值。

在接下来的 60 分钟里，你将学习怎样在无须________的情况下做到__________。

吸引网友坚持到最后 给网友一个坚持到网络研讨会结束的理由。免费的赠品是受欢迎的做法。你还可以承诺为他们做一些有趣的事情，或者向他们介绍一些很酷的东西。

不要忘记！在网络研讨会结束的时候，我将给你一个秘密链接，你可以在那里下载我今天讲述的所有内容。但前提是你得坚持到最后，所以，坚持下去吧。我向你保证，花这些时间很值得。

吸引注意力 要他们退出 Facebook、关闭智能手机，全神贯注地观看网络研讨会。此外，你还可以请网友拿起本子和笔作记录。

我知道，我们身边有太多令人分心的事情，但我将和你分享的这条策略会改变你的生活。我希望你不要错过任何一个关键环节。因此，请你们聚精会神地参加，始终保持专注。你能做到吗？退出 Facebook 吧，别看电子邮件了，关闭你的手机，给我你全部的注意力！

展示你的资质 让网友知道，为什么你有资格来讨论这个主题。

你可能怀疑，我为什么有资格教你们这个主题。下面是我的故事：__________。

描绘未来场景 引导网友做一些想象，让他们描绘，当他们学会了你即将揭示的秘诀之后，生活会变成什么样子。让他们尽可能细致地描述，并在可能的情况下，调动所有的感官。

想象一下，在你学会了__________之后，生活会是什么样子。那会不会让你的生活变得更加美好？

第 2 部分：内容

这一部分是网络研讨会的核心。它应当持续 50 ~ 60 分钟，而且应当提供你在网友注册时承诺的所有内容。我喜欢着重介绍一种主要理念，即“那件事情”，并介绍关于它的 3 个秘诀。我真的会告诉他们 3 个秘诀，而且这 3 个秘诀都与我推销的主要理念密切相关。

“那件事情” 这是网络研讨会的核心内容，也是参与者参加网络研讨会的原因。他们想要或者需要了解什么？在整个网络研讨会期间，每个教学点都必须回到“那件事情”上来。我总是设法把我的“那件事情”分解为这个简单的格式：

怎样在无须___________的情况下___________。

“怎样在无须和任何人打电话的情况下，马上提高高阶产品与服务的销量？”

那是我的高阶秘诀网络研讨会的“那件事情”。我观察过一些所谓的大师教人们进行高阶销售的状况。他们教授的所有内容就是如何打电话。呃，我讨厌通过电话交谈，我想，我的绝大多数受众也一样。因此，我决定告诉他们，怎样在不打电话的情况下，充分利用高阶销售增加收入的潜力。

在我解释了“那件事情”之后，我分享了 3 个秘诀，它们详细解释了我向参与者承诺了的东西。通常来讲，我在分享这 3 个秘诀时，会着眼于揭示当前的一些错误理念。正是这些理念，阻碍了网络研讨会的参与者从我手里购买产品或服务。在我的高阶秘诀网络研讨会，我有破有立：为了让人们购买，我必须打破 3 种错误观念。

错误观念 1

破：线上赚钱的最好模式是推销产品。

立：你在一天中销售的高阶产品所赚到的利润，比你在一个月中销售的普通产品赚到的利润还要多。

错误观念 2

破：销售高阶产品，必须通过电话销售。

立：你不必靠个人打电话来销售任何产品与服务！（更何况我讨厌打电话！）让我告诉你怎样创建一个由两人组成的迷你呼叫中心，它可以帮你完成所有销售。

错误观念 3

破：做这件事需要足够的网站流量，要付出巨大成本。

立：你只需要一点点流量，就能做好这件事（大约每天 100 人次的点击）。

对客户来说，花 50 ~ 60 分钟学习这 3 个秘诀是完全值得的。一定要讲故事、举例子，并且将这作为使你的客户与魅力角色建立起感情联结的机会。

第 3 部分：堆叠

网络研讨会的堆叠部分，应当至少持续 10 分钟，我有时甚至会考虑 20 分钟或更长时间。对大多数人来讲，网络研讨会上的销售，最难的部分是过渡到成交的环节。参与者会开始紧张，他们的声音和自信程度会透露出他们的犹豫不决。

我发现，最佳的过渡方法，就是简单地说一句：“让我问你一个问题……”然后，直接掉转话头，谈论你的产品将怎样帮助他们。一旦你转到了你的销售说辞，就可以使用“堆叠”。

堆叠是我的秘密武器。它是我从我的一位导师阿曼德·莫林那里学来的。我看过他的演讲，他几乎不费吹灰之力，就卖出了近一半的产品与服务。于是，我私下请教阿曼德，问他是怎么做到的。

阿曼德解释说，他做的就是堆叠。我立即也开始运用这种方法。原来做演讲时，可能只有 5% ~ 10% 的观众会购买我的产品，而使用堆叠策略后，客户规模一下子稳定地扩大到了 20% 以上。

然后，我开始在销售网络研讨会上运用这种方法，结果发现，观看网络研讨会的客户、产品与服务的销量双双显著提高。它太有效了，而且表现非常稳定，以至于我如果不采用这种方法，都没办法再进行销售演示了。

阿曼德告诉我：“当你在推销时，潜在客户唯一能记住的是你向他展示的最后一件事。”他解释说，大多数销售演示会把注意力集中在核心产品与服务上，然后再提供一系列福利。他们想向潜在客户展示出最后一件事，也就是最后的福利，然后再发出行动号召，鼓动潜在客户购买。

这种方法的问题是，在那个时候，人们会认为，你提供的最后一件事——那件福利，不值得他花那么多钱。因此，在那些情形下，他们不会掏钱。

阿曼德创建的“堆叠幻灯片”，包含了要销售的产品与服务中的所有要素，是一个长长的项目列表。阿曼德先阐述第一个项目的要点，然后转向第二个项目的要点，依次类推。但当他介绍第二个项目要点、继续播放幻灯片时，会把已介绍的内容与第二个要点堆叠起来，告诉客户，他们不仅可以获得第一个好处，还会获得第二个好处。

随后，阿曼德会接着阐述下一个要点，并且展示下一张堆叠幻灯片，但这次，他得列举三款产品——第三款产品堆叠在前两款产品之上。这意味着告诉客户：你不仅可以获得第一个好处和第二个好处，还会获得第三个好处。

在整个演示期间，阿曼德一直这样做。当他介绍到最后一个部分，播放最后一张堆叠幻灯片时，上面会列举他在这次演示期间介绍的所有产品。在那张幻灯片上，他会简明扼要地复述它们，然后才是介绍价格的时间。这样，潜在客户会把价格与所有产品联系起来，而不只是他提到的最后一件事。

你在展示了全部的堆叠幻灯片后，要向客户介绍他们将得到的所有产品与服务的总价值。即使你第一次报出的价格并非客户实际上需要支付的价格，也得在继续推销之前，在客户的脑海中锚定那个价格。

我会借助“如果所有这些……”的表述来锚定价格，类似于我在“明星、故事和解决方案”销售台词中使用的表述。在表述的过程中，既要运用“趋向愉悦”的表述，又要运用“远离痛苦”的表述。

揭示真实的价格 现在，告诉客户实际的价格。这一价格，应当比你在堆叠之后报出的价格低得多。

我会收你 (金额)，我也只会收你这么多钱。

这些就是完美网络研讨会的所有核心要素，也是我在网络研讨会上推销任何产品与服务时引领客户走过的路。接着，我会采用一些方法结束整场网络研讨会。

从本章开头中的图片中，你可以发现，我在大多数演示中运用过 16 种方法。为了更清楚地向你阐述，我制作了一段特别的视频，专门介绍当你采用堆叠策略时如何运用这 16 种方式来结束。观看请登录网站：www.DotComSecretsBook.com/resources/closes。

现在，你知道了完美网络研讨会的结构，想不想学习怎样让人们购买你的高阶产品与服务？为此，我们专门创建了一个特殊的网络研讨会漏斗。在那个漏斗中，客户会觉得你赋予了他们一种特权，让他们有机会购买那些最高价格的产品与服务。他们会面带笑容地，甚至充满感激地购买你的产品。它被称为隐形漏斗，接下来马上介绍！

中端漏斗5

隐形漏斗

在价值阶梯的中段，我们可以通过隐形漏斗完成销售。隐形漏斗的概念，由达依干·史密斯提出。它是我的团队在过去几年里经常使用的一种强大工具，可以让客户迅速沿着价值阶梯向上攀登。

隐形漏斗可以说是一种高阶网络研讨会，客户在网络研讨会结束之后再付款购买——如果（也只有）他们喜欢你教他们的东西的话。让我们看一看它如何运行。

我们会把流量推送到一个网站上，在该网站，使用“神奇子弹”台词，让人们注册参加隐形漏斗网络研讨会。为了注册，潜在客户需要输入信用卡信息，但那只是为后面的购买做准备，暂时还不用花钱。

之后，潜在客户会观看一场网络研讨会视频，它通常为三四个小时，充满令人惊叹的高价值内容。结束之后，如果潜在客户认为网络研讨会的价值与预先确定的价格相匹配，那他们什么也不用做，第二天，相关费用会自动从其信用卡中划扣。如果觉得网络研讨会不值得他们掏那么多钱，那么，他们必须在规定的时间前，向我发送一封电子邮件，这样，我便不从他们的信用卡中扣款。

隐形漏斗

这真是一种非常酷的方法：你不用做任何推销，客户就会自动购买你的产品。隐形漏斗释放了大量善意，让客户与你的魅力角色建立了强烈的情感联结。

以这种形式，客户在购买之前可以先试用，而且，也让你有机会将最好的内容展示出来。

在网络研讨会结束之时，你可以采用劝诱方式达成销售，以便将潜在客户吸引到申请页面上。在申请页面上，他们可以见到你的高阶产品和服务。如果你正确地构建了隐形漏斗，就会发现，这真是一种非常酷的方法：你不用做任何推销，客户就会自动购买你的产品。隐形漏斗释放了大量善意，让客户与你的魅力角色建立了强烈的情感联结。

下面，以我的第一场隐形漏斗网络研讨会为例，具体讲述构建的方法。

我们当时有 550 名潜在客户提供了他们的信用卡信息。这 550 名潜在客户中，约有 85% 的人参加了网络研讨会。这个数字已经相当惊人，因为对于免费的网络研讨会，潜在客户的参加率通常是 30%。

那场网络研讨会，我讲了四个小时。快要结束时，我统计了那些不喜欢这场网络研讨会的人数，并信守承诺没有向他们收取费用。

结果，只有约 10% 的客户申请取消付款。也就是说，我们可以向 90% 的人收取 57 美元的费用，总计约为 2.35 万美元。不算太差，因为我还没有向任何人推销任何东西。我只是以信息的形式，为他们提供了一系列很酷的价值。

最后，我邀请那些参加了网络研讨会的人申请我的高阶教练服务，结果收到了一大堆申请。它们在接下来的一个月时间里，转变成了我的另一项六位数的业务。

我们成功地使用了隐形漏斗销售减肥产品、约会服务、快速阅读计划以及一大堆其他的产品与服务。我并没有在所有的销售情形中都使用隐形漏斗，但每年，我的团队都会使用这种强大的工具，并在市场中建立极好的信誉。这让我们又赚到了一些额外利润。

那么，到底要怎样邀请人们注册参加隐形漏斗网络研讨会？

像子弹一样，让你的推销一击必杀

我称这套台词为“神奇子弹”，指你向潜在客户承诺，他们将在一定时间内从网络研讨会中得到“那件事情”，否则，他们不需要付费（图 18.1）。

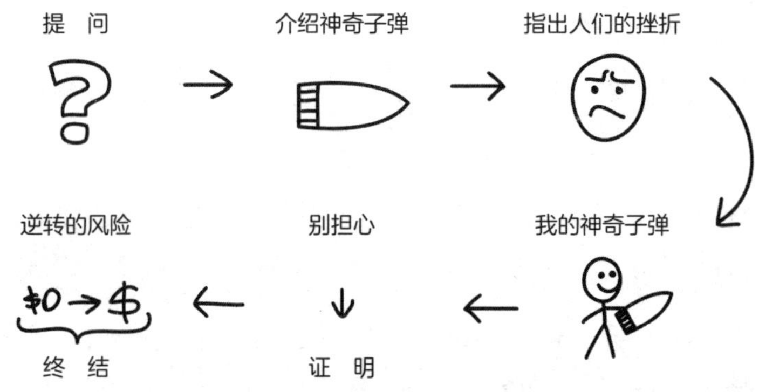

图 18.1 “神奇子弹”销售台词

在直复营销中有一句老话：你必须推销你的产品和服务，即使是要免费赠送给客户。对于我们这种“先试后买”的网络研讨会，这个道理同样适用。我会使用一套台词说服人们掏出信用卡，并注册参加活动。对于以视频为形式的销售信，这份台词应当控制在 3 分钟以内，不能太长。

提出问题 通过提问打造你的“神奇子弹”。

那些问题要能在人们的脑海中勾起他们的渴望，让他们渴望拥有你即将推出的产品与服务。在销售信的开头，就提出激发人们渴望的问题，真的非常管用。

具体应该如何提问，取决于你所在的市场，比如，使用一些问题，让人们趋向愉悦或者远离痛苦。以下是趋向愉悦型对话：

- 如果可以把一本书的内容下载进大脑，并且将书中的信息融入到生活之中，你会变得怎样？
- 你想学习一门新的语言吗？
- 你渴望赚大钱吗？
- 你是不是想在考试中得高分？

以下是远离痛苦型对话：

- 让我问你一个问题……
- 你是否曾觉得，你是这个世界上唯一一个不敢和漂亮女孩说话的人？
- 当你走进一间坐满人的房间时，你的手心是不是开始冒汗？
- 在这种情景之中，你是不是心跳加速，心脏好像马上就要从胸膛里蹦出来似的？
- 这种丢脸的想法，是不是让你每天晚上都不敢出去，让你一个人孤零零地待在家里？

最后一个问题可以用这种方式："如果……，会不会好一些？"或者"如果……，对你来说是不是太好了？"

- 如果有一种方法，让你能够几乎在片刻之间学会任何事情，并且让你以后一直都不会忘记，那是不是一件大好事？
- 如果你能够自信地游走于任何社交场合，而且轻松习得这项技能，对你来说是不是太好了？
- 如果你可以每天都想吃什么就吃什么，体重还只减不增，你会不会高兴得跳起来？

介绍 接下来，你要介绍自己，以及你将在网络研讨会中传授的“神奇子弹”策略。

大家好，我叫拉塞尔，上面那些问题正是我常常问自己的问题。想象一下，你是否想获得上面提到的那些能力。你想学什么？如果你能够立即将信息下载到你的大脑中，你希望下载些什么？

指出人们的挫折 你的潜在客户可能试过其他解决方法但失败了。你得让他们知道，他们遭受的挫折是正常的，你也曾遭受那些挫折。但不要直接点破他们的挫折是什么，解释你曾遭受的挫折即可，因为那可能恰好正是他们遇到的事情。

不幸的是，获取知识并不像把插头插进大脑中，然后下载内容那么简单。

如果我们打开一本书，想阅读下去，必须得在很安静的环境中，坚持一两个小时。即使我们可以快速阅读，也得花几天的时间理解书中的东西。

虽然你也许尝试过运用互联网加快那一过程，但对于你想研究的任何一个主题，互联网上都有成千上万的内容，很快你会发现，你的大脑装不下那么多东西。

我们刚刚谈的就是所谓的“信息过载”。

如果你在学习新东西时，产生了那样的挫败感，那么，我们是难兄难弟。

我的神奇子弹 现在，介绍你正在推销的令人惊讶的解决方案。告诉潜在客户，他们参加网络研讨会将收获的东西，具体包括哪几方面。如果你恰当地打造了“神奇子弹”，那么，剩下的销售任务会变得十分容易。

因此，花时间精心构思你可以为客户提供的最好的“神奇子弹”吧。为便于清晰阐述，我会努力采取类似这样的措辞：

在(短时间)之内,你将获得(结果),否则,你可以不用付一分钱。

注意：结果越具体越好。你还要描述你如何发现该解决方案，以及该解决方案对你来说有什么价值。这个秘诀怎样改变了你的生活？对你来说，有哪些情绪上的价值？

在约会的这个利基市场，“神奇子弹”可能是：“下个周末便找到一位女朋友，否则，你不用付钱。”减肥市场的“神奇子弹”也许类似于这样：“连续 10 天使用这种排毒贴，保证你瘦 5 千克，否则，你不用付钱。”快速阅读领域的“神奇子弹”可以是这样的：“在 4 小时内，使你的阅读速度翻一番，否则，你不用付钱。”

为了吸引更多潜在客户，要详细阐述“神奇子弹”的主要理念，并向潜在客户讲一个故事,告诉他们这一解决方案曾经是怎样帮助你(魅力角色)的。

以前我和你一样，在阅读方面感到有困难，但自从我发现了这个秘诀之后，情况就不一样了。

我是在一次研讨会上遇到的霍华德·伯格，和他探讨了短短几小时后，我的阅读速度便提高了一倍！

后来，我把霍华德告诉我的事情告诉我的家人、朋友和同事，接下来发生的事情，让我震惊。有的人请求我和他见上一面，以便提高他的阅读速度，另一些人则在怀疑，这到底有没有可能。

因此，我让他们参加一项挑战，跟我马上要给你们提出的挑战一模一样：给霍华德 100 美元，他将在一个下午的时间里，使你的阅读速度提高一倍以上。而且，你将永远掌握这一技能，永不丢失。

别担心（证明） 现在，你要陈述一件事实：你会为潜在客户献上一场高阶网络研讨会。你还要告诉网络研讨会的参与者别担心，因为你会首先证明网络研讨会的价值，然后由他们决定是否付费。

> 如果你有任何的怀疑，那么，请不要担心，把100美元放回你的口袋。在霍华德为你进行了一对一的培训，使你的阅读速度确实提高了一倍以上之后，你再向他付钱。
>
> 而且，如果他不能使你的阅读速度倍增，不用付任何钱。这还算公平吧？我们称这个挑战为“霍华德·伯格阅读速度倍增挑战”。
>
> 到目前为止，霍华德从来没有输过。
>
> 本周，我将为你和他举办这场特殊的网络研讨会活动。
>
> 如果你参加了这场网络研讨会，霍华德就帮你把阅读速度提高一倍。

风险逆转 现在，向潜在客户推出“先试用再购买”的选项。

> 这就是我想为你做的：我非常确定这将彻底改变你的生活，所以我愿意请你免费听一整场网络研讨会。然后，到结束的时候，由你自己来判断，我说过的话到底是不是真的。
>
> 如果我兑现了刚才的承诺，而你也喜欢这些信息，那么，你什么也不用做，我们将从你的信用卡中划扣100美元。
>
> 如果我没有兑现承诺，或者你觉得这些信息不值100美元，那么，在明天凌晨之前给我发一封电子邮件，我们将不收取你任何费用。
>
> 听起来是不是很公平？

这就好比你到一家餐馆吃饭，只有在你吃完之后，觉得喜欢这里的食物才付钱。

或者说，你到电影院看电影，如果你不喜欢这部电影，你一分钱也不用出。

终结 再次邀请潜在客户参加你的网络研讨会。

现在，该你做决定了。

如果参加，我们就会向你证明我们的系统是管用的。

你现在要做的就是，输入信用卡信息，预定你的位子。但请记住，你还不用付钱，直到网络研讨会结束之后，如果你喜欢，再付钱。

也就是说，试听一下，你不会有任何损失。

如果这能够彻底改变你的人生，难道不值得你试听一下？

点击下面的按钮，为这场改变人生的网络研讨会预定你的位子吧。我向你保证，你这么做是完全值得的。

“神奇子弹”台词十分简单，我通常能在 1 小时之内完成。如果你遵循这份台词，那么，即使你讨厌写销售信，也应当能够很快写好。

实践证明，这套销售台词非常奏效。你要做的，就是根据你的公司和业务，稍作调整。记住，一旦你精心准备好了“神奇子弹”，其他的一切，应当都能轻松应对了。

现在，你已经成功地让人们注册参加了你的网络研讨会，那么，在接下来的 2 ~ 4 小时的研讨会期间，你到底该说些什么？我知道，在那么长时间内，为客户提供价值，听起来就有点令人生畏，但你可以做到！

让我们深入研究隐形漏斗网络研讨会的内容吧。

有料很重要，但更重要的是有趣

潜在客户注册了网络研讨会之后，你依然有许多工作要做。重要的是正确地组织网络研讨会，以便所有观众都觉得这些钱值得花。我知道，你希望每位观众在网络研讨会结束时，都高高兴兴地付钱；你还希望到那个时候，你可以使用正确的引导方法和劝诱式销售说辞，推销你的高阶咨询或教练产品与服务包（图 18.2）。

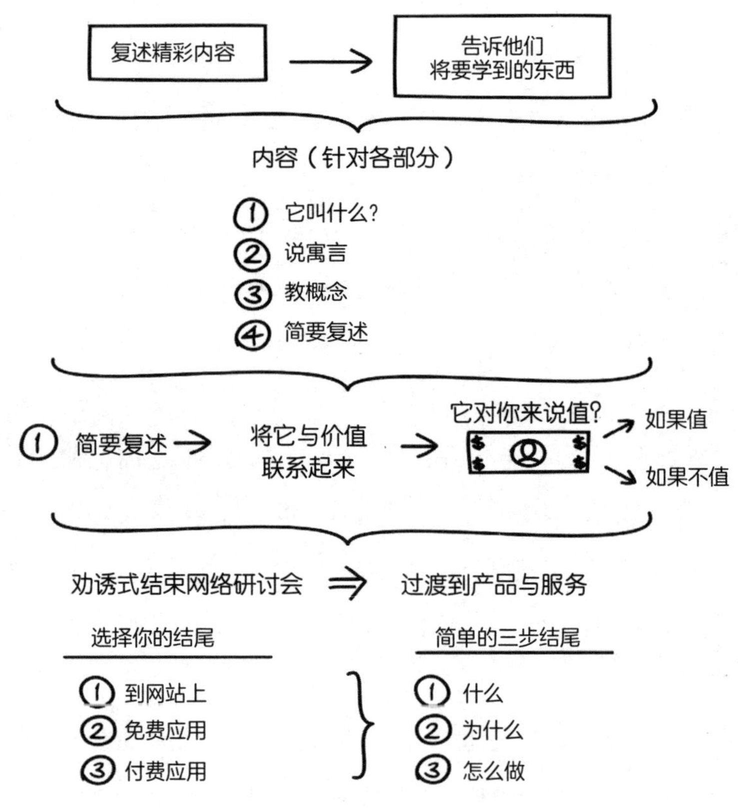

图 18.2　隐形漏斗网络研讨会的内容

记住，这场网络研讨会将持续三四个小时！因此，你可能得将内容分为几部分。不要有任何隐瞒，给潜在客户奉上最好的东西！告诉他们想知道的一切。回答他们提出的任何问题。相信我，如果你做好了这些，4 个小时会在不知不觉中过去。

复述引人入胜的东西 你是通过运用“神奇子弹”台词（也就是先试再买），让潜在客户注册了网络研讨会，因此，需要再次强调他们在网络研讨会期间需要遵守的规则：到最后，他们有机会根据网络研讨会的价值决定是否付账。

要记得告诉他们，他们应该坚持看到最后，因为只有到那个时候，你才会给他们电子邮件地址，这样，如果他们觉得网络研讨会不值得那个价格时，才有机会给你发邮件。

告诉他们将要学到的东西 向所有观众概述你将在这场特定的网络研讨会中教他们的系统知识。

内容（针对各部分） 现在，开始教你的内容。你的内容分为几部分不重要，只要它是你最好的内容，而且有你承诺的三四个小时。你也许要先排练一下，以便在开网络研讨会时，能够正确地掌握时间。你可以从以下几方面介绍各部分的内容。

它叫什么？ 给各部分取一个容易记住的很酷的名字。

说寓言 讲一个能记住的故事以证明某个概念，并将它深深地刻在观众脑海中。

教概念 详细阐述概念的具体细节。

举例子（最后是真实案例） 针对如何在现实生活中运用该概念，举几个例子。如果你手头有一些学员或客户取得成功的故事，那就是最好的例子。

简要复述 结束教学内容后，再次提醒观众他们都学到了什么。

将它与价值联系起来 帮助观众理解，这些信息对它们会有多大价值。在他们的脑海中锚定“真正价值”的价格后，你便可以回头谈一谈这场网络研讨会的实际要价了。他们运用所有东西之后，能赚多少钱？能节约多少时间？能产生多大的情感价值？会不会让他们不再感到尴尬或悲伤？为他们列举所有好处。

它对你来说值？ 请观众确认这场网络研讨会是否值这个价格。

> **如果值** 什么也不用做，我们将从你的信用卡中收取已商定的费用。
>
> **如果不值** 在（规定时间）之前向（地址）发送电子邮件，让我们知道这些内容不适合你，我们不会收取任何费用。

过渡到产品与服务 简要地提及你的产品和服务。观众当下可能正需要你的一对一帮助。

> 我知道，我们今天分享了大量信息，有些客户可能希望得到进一步的帮助。我说得对吗？我想说的是，我确实有个一对一的教练项目。它并不便宜，因为你在整个过程中，将得到我的全面关注，我向你保证，你将获得你在追求成功时需要的一切。
>
> 此外，由于是我亲自参与，并且是进行深度合作，所以名额非常有限。唯一的办法是提前预定位子。在这场网络研讨会中，你们已经得到了追求成功所需的全部，但如果你有兴趣获得我个人的帮助的话，那么，你接下来应当……

选择你的结尾 你将在什么地方让潜在客户填写申请表？

到网站上 给出付费网址，让潜在客户掏腰包。

免费申请 如果是免费申请，明确告诉他们不需要付费。

付费申请 如果要潜在客户付费，就让他们知道价格以及付费方法。

简单的三步结尾 这是一种劝诱式的销售。你要让人们知道，你在为他们提供个性化的教练或咨询服务，在帮助他们尽快获得最好的结果。然后告诉他们，到什么地方去填写申请表。

什么 告诉他们，你的服务包含什么。

为什么 告诉他们，为什么他们应当申请。

怎么做 告诉他们怎么申请。

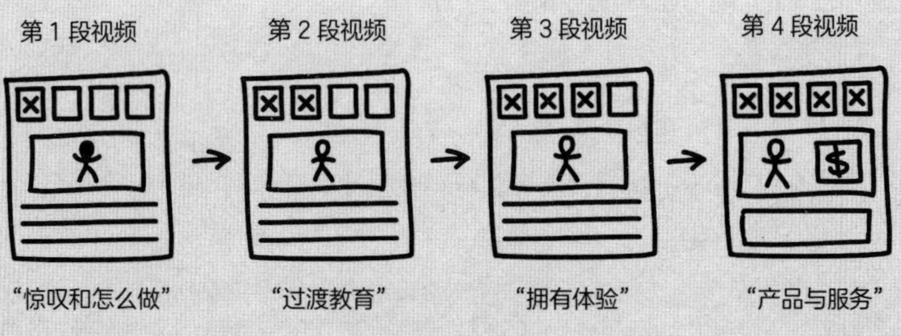

产品发售漏斗的第 1 段视频是“惊叹和怎么做”。你要用自己的好创意使潜在客户为之“惊叹”，然后向他们介绍你和其他正在运用这一概念的人们到底“怎么做”。

中端漏斗 6

产品发售漏斗

浪潮式发售，让你卖什么都秒杀

杰夫·沃克（Jeff Walker，代表作《浪潮式发售》）使得产品发售漏斗广为人知，自那以后，几乎所有的利基市场中的每一位互联网营销人员，都在以某种方式使用这种漏斗。为什么？因为这种方法管用！

基本上，你可以将销售演示分解为 4 段视频，每一段都给潜在客户带去巨大价值，并一边教他们，一边卖你的产品。这种漏斗在暖的和热的网站流量上最合适。因此，一般来讲，你要把视频的链接用电子邮件的方式，发给邮件列表或者联营伙伴的邮件列表。

产品发售漏斗可以分解为 4 段视频（图 19.1）。

第 1 段视频是“惊叹和怎么做”。你要用自己的好创意使潜在客户为之“惊叹”，然后向他们介绍你和其他正在运用这一概念的人们到底“怎么做”。

第 2 段视频是“过渡教育”的内容。实际上是你在和人们一同经历这个过程的时候，让他们向你看齐。

第 3 段视频是“憧憬未来体验”的内容。你要向观众展示，当他们在生

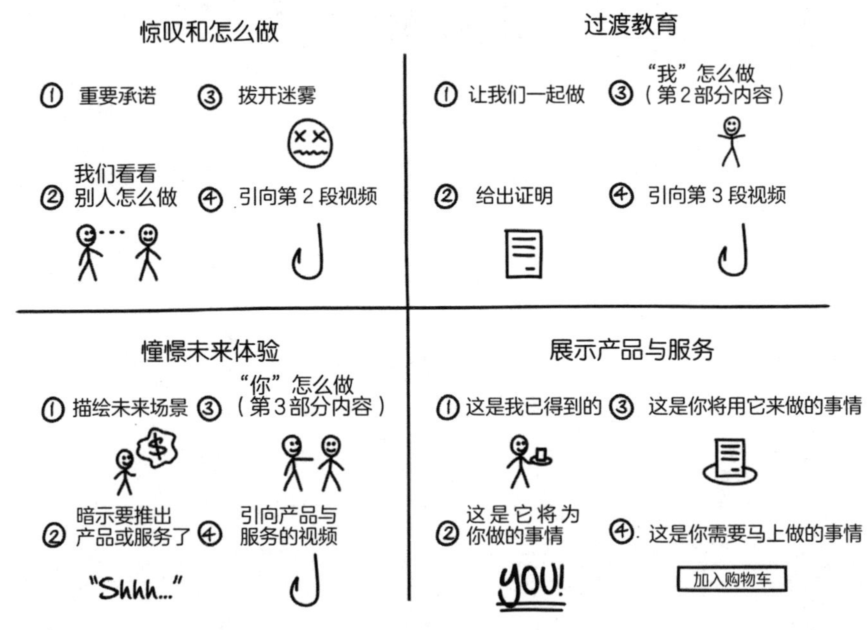

图 19.1　产品发售漏斗

活中拥有这些时，生活会变成什么样子。

第 4 段视频是“展示产品与服务”。在其中，你将介绍你在推销的东西、价格以及客户应该怎样获得它们。

你离爆品只差 4 段视频的距离

让我们看一看怎样为这些视频中的每一段撰写台词，以便达成销售。下列台词将告诉你在每一段视频中你该说些什么。视频的长短根据你的需要而定，但我发现，最好介于 10 ～ 20 分钟。

第 1 段视频　惊叹和怎么做

重要承诺　这是你的“那件事情”，也是你在这些培训视频播放期间，向潜在客户承诺的宝贵原则。

怎样不打电话就完成针对高阶产品的销售。

拨开迷雾 澄清常见的反对声音,或者阐述潜在客户可能信任你的理由。

你也许认为，不必将自己培养成销售专家，只要整天打电话就行了。但如今，那种想法已经不再正确了。我利用这个简单的流程，创造了数十万美元的销售收入。

让我们看看其他人怎么做（第 1 部分内容） 介绍其他人怎样实现这些结果，讲故事并分析案例。

和____________见面谈一谈吧。她曾经在没有____________的前提下，实现了____________。

这位是____________，他不敢相信居然如此容易就成功了。看看他的成果吧：____________。

引向第 2 段视频 让他们对下一段视频充满期待。

明天，你将发现，即使__________，你也可以____________。

第 2 段视频　过渡教育

让我们一起做 告诉客户：“你可能会觉得自己完成不了这些事情，没关系，我们现在就一起做吧。”

我知道，你可能难以相信你能够做到____________。所以，我将向你展示____________，它真的很容易。现在，让我们一起做吧。

“我”怎么做（第 2 部分内容） 告诉客户你就是这么做的，并逐步介绍。

我每次就是这么做的：

第 1 步：____________。

第 2 步：____________。

第 3 步：____________。

给出证明 秀一下你成功的业绩、案例研究或者其他证明。

这让我____________，但不要只相信我一个人说的。我的学生也做出了一些业绩，请看____________。

引向第 3 段视频 让客户对下一段视频感到好奇。

明天，你将发现____________。

第 3 段视频　憧憬未来体验

描绘未来场景 让客户想象一下，当他致力于这个计划时，他的生活会变成什么样子。

请花一分钟时间想象，如果你____________的话，人生会有什么不同？如果____________的话，你会发现哪些可能性？如果____________的话，你在哪些方面会变得不同？

“你”怎么做（第 3 部分内容） 让客户想象由他来完成这个过程。

现在，想象你自己做 ____________，然后做 ____________，最后做 ____________。你能看到你自己在做这些事情时的样子吗？它们看起来十分简单，对不对？

暗示你要推出产品和服务了 你想不想以最快的、最容易的方式学会这些？

我们都知道，现实通常比我们想象得更加复杂。但我知道，这将改变你的人生，而且，我乐于见证你的成功。那正是我想帮助你们的原因。

引向产品与服务的视频 在下一段视频中，我将告诉你们，怎样像现在这样得到你想要的结果。

明天，我将向你介绍一种最快、最容易的方法。你会比你知道得更加接近成功。

第 4 段视频 展示产品与服务

这是我已得到的 解释那一产品与服务。

我真的想看到你的成功。我曾经和你一样，发现自己很难取得成功，而且我知道，成功看起来真得很难。那正是我制作（创造、生产）____________的原因。在这里，你将得到____________。

这是你将用它来做的事情 解释它怎样运行。

在这里，每一部分的内容将这样助推你前进：____________。

这是它将为你做的事情 解释其结果。

当你遵循我刚刚概括的步骤来做，你就可以____________。

这是你需要马上做的事情 解释怎样订购以及下一步做什么。

只要点击下面的按钮，我们就会把你带到一个安全的购买页面上。从现在开始，你只需点击三次就够了。

后端漏斗 7

高阶产品三步成交漏斗

高阶产品三步成交漏斗是个非常简单的流程，用来识别高阶咨询或教练服务的潜在客户，并预先框定他们。

多年来，在销售教练和咨询服务时，我们会打电话给所有客户。这样一来，我们就要雇用 60 名销售员工来维护客户，即每月要支出数十万美元筛选潜在客户，找到那为数不多的对我们感兴趣的人。

几年前，我决心关闭公司的电话呼叫中心，因为我想出了更好的办法来销售高阶教练服务，也就是这个三步成交漏斗。它在大大压缩人员成本的同时，保证了销售收入的不下滑。严格地讲，2 名销售人员，就可以完成原本 60 名销售人员所做的事情！让我来告诉你我们到底是怎么做的。

2 名销售员如何完成 60 名销售员的工作？

步骤 1 创建一个简单的页面，和网友分享一段案例研究视频（图 20.1）。你要向客户解释，当他们获得你的教练服务之后，会收获怎样的结果。潜在客户观看了那段免费案例研究视频后，点击“现在申请”按钮，就会收

高阶产品三步成交漏斗

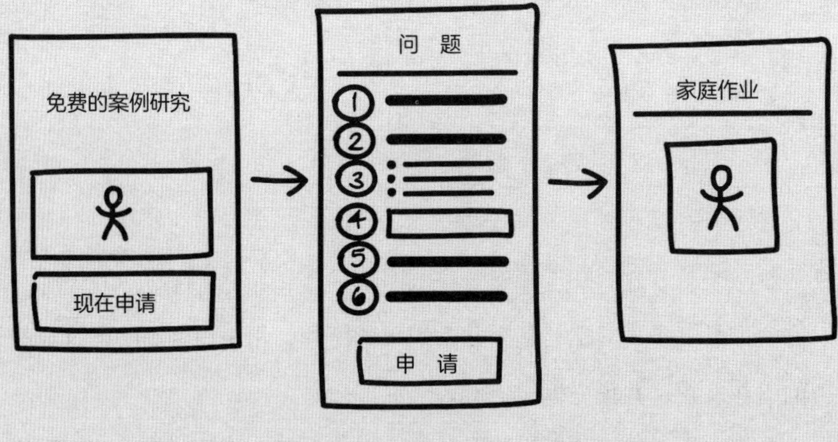

三步成交漏斗在大大压缩人员成本的同时，保证了销售收入的不下滑。严格地讲，2 名销售人员，就可以完成原本 60 名销售人员所做的事情！让我来告诉你我们到底是怎么做的。

到一张申请表，该表格专门用于预先筛选优秀的潜在客户。

图 20.1　高阶产品三步成交漏斗步骤 1

步骤 2　请潜在客户填写完整的申请表（图 20.2）。该申请表服务于两个目的。第一个目的，它帮助你的销售人员了解申请者的情况，如事业状况、未来的商业目标等。第二个目的，也是更为重要目的，让潜在客户告诉你，为什么你应当锁定他们，为他们提供教练或咨询服务。

申请阶段会将那些真的不打算购买的人淘汰出去，因此，你只要打电话给那些已经做好准备成为你的客户的人们。申请表还可以在潜在客户脑海中预售你的计划。潜在客户完成申请后，我们会将他们带到“家庭作业”页面。

步骤 3　申请者完成家庭作业页面上的指令，并与魅力角色建立更加强烈的情感联结（图 20.3）。在我的“核心集团”服务的家庭作业页面上，申请者可以看到三段视频。第一段视频是我的一堂教学课的缩微版。在第二段视频中，我讲述了妻子和我艰难组建家庭的故事。我告诉大家，为什么我如此热衷于帮助企业主向全世界销售产品与服务。那段视频非常催人泪下。第三段视频是关于教练计划本身的一系列案例研究和证明。

我担心客户会等不及，所以让家庭作业页面具备了另一个重要功能：解

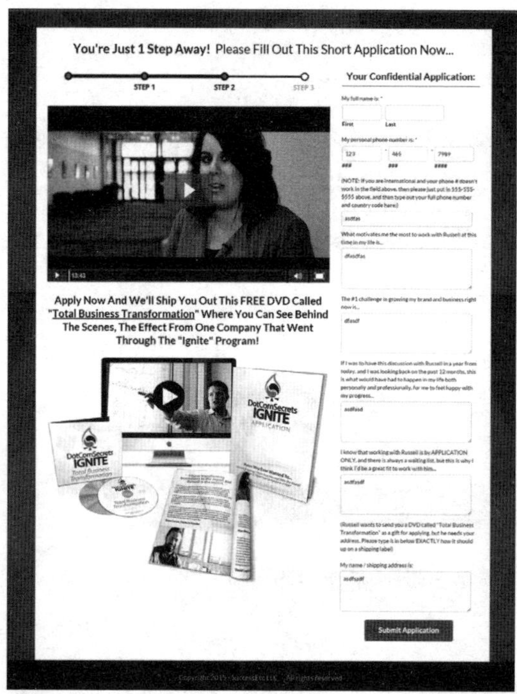

图 20.2
高阶产品三步成交漏斗步骤 2

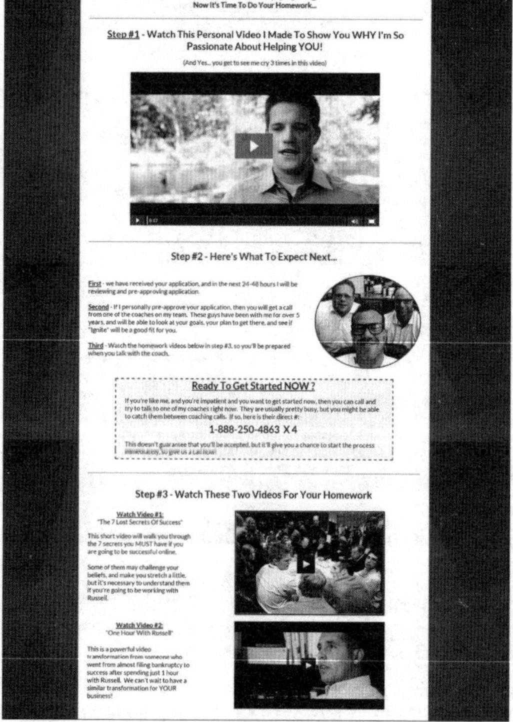

图 20.3
高阶产品三步成交漏斗步骤 3

释接下来会发生什么——我们的销售员工会联系申请者，并提供我们的联系方式。我的销售团队非常擅长迅速打电话给客户。但当客户正处于痛苦之中时，通常会认为自己得马上行动，先发制人。如果某位客户是这种过度活跃客户的话，我不想让他们干等着。这就是提供我们的联系方式的原因。

通过电话向潜在客户推销高阶产品与服务时，销售台词通常会很长，信息会十分丰富。让我们深入分析它们。

双重诱饵，锚定高价值客户

比起销售较为简单的产品，为高端客户服务，需要花费更长时间，采用更灵巧的策略。其中的关键，是将销售环境从网络销售变为电话交谈或者实时的活动、研讨会等。大多数潜在客户不会因为看了一段销售视频，就掏出信用卡刷 2 万美元给你。

我们有一个非常有效的高阶销售流程，我将在这里和你分享其台词。它比本书中已经阐述过的任何一种台词的内容都更丰富（图 20.4）。事实上，整个流程需要 75 ～ 120 分钟。如果你有兴趣了解流程的要点和细节，可以登录以下网址：www.highticketsecrets.com。

我选择两步走台词是因为它是借助电话做成高阶产品与服务销售的最有效方法。使用该方法时你需要两个人：设定者和终结者。

这两名销售人员，需要在销售中保持一致性。当你找到了合适的销售人员，而且他们按照台词来和潜在客户沟通，该方法就一定会奏效。你绝不能直接在电话上推销，那样会显得你太急功近利，对高端客户来说，那不是很好的定位。

相反，你要让两名销售人员齐心协力，一起促成潜在客户购买你的高阶产品与服务。设定者要收集潜在客户的基本信息，调动他的情绪，识别他的痛点和目标。一旦完成了那些任务，设定者就要挂掉电话。

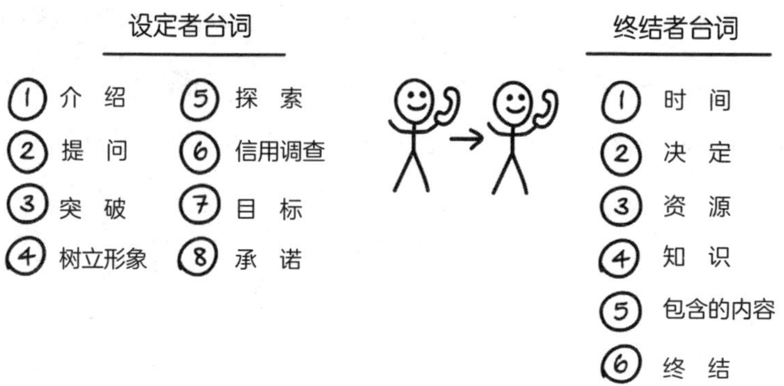

图 20.4　高阶产品与服务的销售台词

最后，让终结者给申请者回电话。终结者要放大潜在客户的痛苦，引诱对方说出来为什么他觉得自己非常适合你的产品和服务，然后你就可以为他提供量身定制的解决方案。

设定者的台词

介绍　设定者要低调地介绍自己，和潜在客户进行十分自然的交谈。设定者要了解潜在客户的情况，并且调动潜在客户参与当前话题的积极性。他们必须找出潜在客户当前的状况，以及他对自己当前的状况的感觉。

提问　接下来，设定者应当着重发掘潜在客户预期的结果。他的希望与梦想是什么？深入观察他想要那些东西的真正原因是什么。他也许想每年赚 10 万美元，那是个不错的梦想，但是为什么呢？那些钱能让他做什么？辞去当前的工作吗？待在家里带孩子吗？买一艘船环游世界吗？为日渐老去的父母买一套房子吗？向他的前任证明自己的人生价值吗？

设定者必须找出那些为什么。从那些问题着手，设定者将发现客户的情绪。要记住，人们首先是根据情绪来购买，然后再用逻辑来合理化自己的决定。

你也许听说过一些销售建议，那些建议告诫你，要弄清客户的情绪，但我发现，许多人就是不知道怎么做。你要通过提问观察客户的情绪。总是需要多问一些问题。潜在客户有孩子吗？孩子多大了？叫什么名字？如果潜在客户想让孩子在家里上学，问他们是什么原因。他能够以自己的方式，自由地在家里教孩子，会是怎样的感觉？

后续的问题将帮助你观察他们的情绪。如果为父母买一套新房子，对他意味着什么？躺在加勒比海的一艘船上，完全没有了债务，再也不用担心别的事情，那会有怎样的感觉？帮助潜在客户描绘梦想实现之后的感觉。

提几个问题，你便能获得所有这些信息。在短短 5 分钟之内，设定者便可以准确掌握潜在客户想要购买这套服务的原因，以及自己应当关注哪些至关重要的因素。

设定者应当问潜在客户："是什么让你停步不前？为什么你到现在还没有实现你的梦想？"你可能听说过各种版本的"我不知道怎么做"。比如，当潜在客户不知道怎么创办一家线上公司时，他可能说："我没有时间。"那其实是在说，他不知道怎样在一个星期内花 5 个小时创办公司。他可能说："我没有钱。"那其实是在说，他不知道怎样用别人的钱来创办公司。

一旦潜在客户意识到，他只是缺乏一些知识，而且你可以提供那种知识时，你可以提出这个问题："如果你知道怎样在一个星期内花 5 个小时来创办公司，你会怎么做？"当然，他一定会立马行动！如此一来，他便是在告诉你，自己打算购买你的产品、你的知识。

设定者首先要了解潜在客户关心什么，然后才能选择正确的台词。潜在客户也必须承认，一谈到创办公司，他不知道自己要做什么（以这样或那样的措辞来承认）。他必须意识到，自己需要帮助。

突破 让客户大致了解你的产品与服务。不要过于详细地介绍你的计划，那是需要对方购买的。但设定者应当让客户初步了解，他可能会发现什么或者做好哪些事情。

现在，很显然，我们不可能和每一位申请/购买了服务的客户合作，因此，我需要淘汰那些没有做好准备的人，锁定最合适的一对一合作对象。

我理解，你不知道怎样在一个星期之内用5个小时创办一家公司。但或许我们可以帮你，让我解释一下我们在这里做了些什么……

接下来，提一个至关重要的问题，让潜在客户向你讲述他面临的困难。再使用一个关键问题，让他自己找到理由，证明自己需要在这次交谈结束后掏出信用卡付钱。

让我问你这个问题，如果你可以得到拉塞尔·布伦森或跟他同样级别的人的一对一指导，你觉得你能成功吗？

（绝对可以！）

为什么你会这样认为？

对方可能回答说：导师可以和他连续畅谈几小时，可以为他制订详细的计划……这样的解释可能是谎言。但如果他告诉你，他可以怎样运用你的计划取得成功，那么，这就是实话，因为他相信你了。当潜在客户开始自己解释将会成功的各种理由时，销售就变得很容易了。

为什么与拉塞尔·布伦森的合作将帮助你取得成功？

问完上面的问题后，设定者必须闭上嘴巴！不要说话，把时间留给潜在客户。一旦他说出理由，那么，设定者应当重复他的话，确认他的想法。

所以，如果我让你有机会与拉塞尔·布伦森合作，你相信你自己会成功？（是的！）

如果你有机会与拉塞尔·布伦森合作，你可以得到（他们想要的）？

如果你有机会与拉塞尔·布伦森合作，你便会知道怎么实现自己的目标？

然后，让潜在客户自己说，并且让他告诉设定者，为什么应当与拉塞尔·布伦森合作。

你为什么认为这是个很好的候选计划？

树立形象 为了在潜在客户心中帮助马上要上场的终结者树立专家形象，设定者应当完成以下台词：

现在，说起帮助别人在一星期花 5 小时创办一家线上公司，我个人并不是这方面的专家。我的职责只是寻找那些有资格加入这一计划的人。如果我对你的感觉不错，我会把你介绍给我们的项目主管（终结者）。他有权决定谁适合我们的计划。

在我做这件事之前，我需要稍稍深入地了解一下你，并请你填写一份简单的资料。我需要了解你目前的事业情况和财务状况。

随后，我还要了解你将来的打算，要更详细一些。所有这些信息，将帮助我们确定你是不是一个优秀的候选人。

问你几个问题，可以吗？

（当然可以……）

得到许可后，设定者就可以向潜在客户提问了，任何问题都行。

调查：收集财务信息 接下来，设定者会开始问一些十分私密的信息，并且用那些信息来填写一份表格。你要让对方马上回答，不能让他们太情绪化。首先询问他们的年龄、婚姻状况、最高学历，诸如此类。

然后，设定者一定要问：“你的公司是不是有其他合伙人？比如配偶或者财务合伙人？”如果是，那还要当场给那个人打电话。如果你没有让每一位手握决策权的人都知晓这些事情，继续进行演示无异于浪费时间。

接下来的一组问题，目的是调查潜在客户的财务状况，以及对方是否真的值得帮助。

信用调查　设定者将详细了解潜在客户信用状况的各种细节。

- 你怎样评价你当前的信用状况？为什么？
- 如果拉塞尔·布伦森打算开具一张支票还清你所有的债务，需要开多大金额的支票？
- 对那一债务，信用卡债务在其中占多大比例？
- 你的综合信用额度，累计有多少？

有个小技巧是，综合的信用额度减去债务，就是潜在客户的可用资产。你要找的是更多可用的信用贷款，而不是增加项目的成本。此外，让客户谈一谈自己的信用余额，以便表明你真的在想方设法帮助他偿还债务，而不是增加债务。

潜在客户向前迈进了 10 步的话，可能会向后退 1 步，但最终，我们知道，类似这样的一个项目，可以帮助他还清所有债务，并且实现财务自由。

设定者还应当询问潜在客户是否有储蓄或者投资。他是买的房子，还是在租房住？他的退休账户情况怎么样？

目标：谈一谈潜在客户的短期目标　设定者依然要提问，并且让潜在客户愿意加入这个计划。

- 在未来半年，对你来说理想的情况是什么？你希望在半年之内，公司发展成什么样子？
- 你努力多长时间了？做得成功吗？
- 在未来一年之内，你想做到什么程度？那会让你感觉如何？
- 与拉塞尔·布伦森一对一合作的话，你觉得可以实现这些目标吗？你能想象自己实现它们吗？为什么？

承诺：让潜在客户做出四项承诺 现在，设定者应该让潜在客户宣布自己是这个计划的优秀候选人，让他公开宣告，自己是那种勇于采取行动并且做事有始有终的人。一旦他做出了这样的宣告，就会很难违背诺言，很难允许自己退出购买漏斗。

我觉得你是一位潜在候选人,我会向主管推荐你。在我推荐之前，有四项承诺必须得到你的同意。

1. 你必须每周至少花＿＿＿＿＿＿时间。你能做到吗？

2. 我们需要那些可以指导、乐于学习并且遵循我们专家建议的人。你能做到吗？为什么你觉得自己可以接受我们的指导？

3. 我们在寻找那些今天就可以行动起来的人。我们想要敏捷的决策者。你觉得，什么时候是你实现（他的目标）的最好时机？

4. 我们想教你运用 OPM（other peoples's money，别人的钱）的概念来投资。你熟悉这个概念吗？你想了解更多吗？

接着，解释怎样用银行的钱（信用卡）作为短期融资工具，以投资发展客户的公司或实现其目标。

我们的这个计划分为两个等级：____________和____________（价格也有区别，前者较低，后者较高）。

你觉得投资哪个等级比较合适？为什么你会这样选择？

现在，你马上要和你的“主管”交谈了，先把潜在客户放在一边，和终结者认真探讨这位潜在客户。如果你觉得他非常适合你的项目，也是你乐于合作的对象，那么，再由终结者接着打电话。

▽ 请你记下我主管的姓名吧，他叫________。很高兴他今天能和你单独交谈，他是这方面的专家。最重要的是，他的职责是确保找到合适的人加入团队。因此，我希望你理解，这并不是所有人都能加入的。如果他并没有给你预留位置，请不要觉得被冒犯了，好吗？

▽ 他现在正在开会，但他说过，很高兴在 5 ~ 10 分钟之内给你打电话。

▽ 他希望你能先完成这道小小的练习题。我知道，我们已经探讨过你的目标，但他希望你把那些目标写下来。写下你未来半年到一年的财务目标。接着，再写下除了金钱之外你最想实现的三件事情。

▽ 太好了！我的主管马上就会给你回电话。

终结者台词

终结者的台词，与设定者的台词遵循类似的逻辑。设定者要在潜在客户的脑海中强化他的决定，终结者要在介绍中提同样的问题，但需要对措辞稍作修改。要让潜在客户再设想一下，当他成功地使用你的方法后，生活会变成什么样子。

▽ 为什么你现在严肃对待这件事了？

- 你考虑多长时间了？
- 阻碍你的最大障碍是什么？你在未来半年内想做什么？那会给你带来什么？
- 你在未来一年内想做什么？那会给你带来什么？
- 五年呢？五年后你的生活会是怎样的？
- 如果你有机会与类似拉塞尔·布伦森的人合作，那会给你的生活带来怎样的改变？还有别的吗？

接下来，终结者要再度确认潜在客户的那四项承诺。

我的职责是确保找到最合适的人加入我们团队。并不是所有人都有机会加入，我只想要确切地知道自己一定能成功的人加入。

因此，我将问你几个问题，这些事情，你有可能下定决心去做，也有可能没有。所以，只用回答我是或者不是。你乐意回答我吗？

如果你没有得到想要的答案，那就不要继续下去。要么回过头重新探究为什么潜在客户没有下定决心，要么挂断电话，因为他可能不打算为你的服务买单。

解释时间的承诺 你能够每周都留出特定时间吗？（能或不能）

解释决定的承诺 机会不等人。下定决心极其重要。你有没有发现什么事情在阻碍你下定决心今天就和拉塞尔·布伦森合作？（有或没有）

投入的承诺 把这个数字写下来：__________。当你发现这个计划是有价值的，而且可以实现你的所有目标，是否还有别的原因妨碍你今天就投资？（是或不是）

如果设定者和终结者全都正确地完成了所有这些环节，而潜在客户也认为，你或者你的产品/服务是有史以来最好的东西，那么，价格就不再是重要的问题。因为你从一开始就消除了潜在客户对钱的考量。

可教性的承诺 我们接收学员，主要考虑的是他们的可教性。他们必须乐于学习，乐于思考，然后将他们学到的东西付诸实践，敢于探索，并持续追求成功。你觉得你是那种人吗？（是或不是）

为什么你这样认为？

那么，如果有人可以告诉你怎么做，你觉得你会成功吗？（会或不会）

包含的内容 告诉潜在客户，如果他今天就签合同，他将会得到什么。

我们将教你追求成功和避免错误所需的一切，以及帮助你以你的速度工作。

现在，只要列举潜在客户从产品或服务中到底能得到什么，一切就水到渠成了。

终结 完成这笔销售业务。

这也许是最重要的问题……

为什么你觉得自己是最优秀候选人？

潜在客户会再次告诉你，如果他加入这个计划，将会怎样取得成功。接下来，只需要他填写信用卡信息就可以了。你不需要再次说服他购买，这时，是他在请求你将产品和服务卖给他。你有没有理解其中的微妙差别呢？

当潜在客户告诉你（你的设定者 / 终结者）为什么他需要你的帮助时，销售就是水到渠成的事，会极其容易。

好了，以上便是针对设定者和终结者的全部台词。我再强调一次，我强烈推荐你听一听这些台词在实践中的运用，以便更好地理解每一个步骤。请登录网站查看：www.highticketsecrets.com。

结　语

行动吧，为了一夜之间的数倍增长！

读到此处，你可能觉得信息量过大，一时难以消化吧？本书并不完全是我认为的那种轻松读物。实际上，你是刚刚上完了一堂不折不扣的高阶互联网营销策略课程，你应当感到自豪。

感到信息量过大、一时难以消化是件好事。因为即使信息十分繁杂、数量极其庞大，你的大脑也会下意识地思考、联想。现在，你可能不必有意地做任何一件事情，便能推测出你的竞争对手在哪里。

这堂课从战略层面上教你思考价值阶梯是什么，以及你在引领客户攀登价值阶梯时，将使用哪种类型的销售漏斗。尽管你的脑袋不能一下子接收这么多信息，但所有这些事情都在发生。

很酷，对不对？

你最重要的工具是我在每一章中画出的那些傻乎乎的小图。有朝一日，在所有文字信息都可能被你遗忘的时候，你可以回过头来看那些图画，看一看你可以回忆起多少内容。我觉得你会对自己感到惊奇的。如果你忘记了某个概念，可以回来翻一翻这本书，重新读一遍你想要牢记在心的部分。

因此，你究竟应该从哪里下手呢？我的建议如下：

- 确定你想服务谁，谁是你的梦幻客户？
- 精巧设计你的诱饵，并快速撒下。不要想得太多，或者试图在这里追求完美。
- 构思价值阶梯。除了你当前能够提供的之外，还能提供些什么？去创造那些东西。
- 开始构建你的漏斗，一次构建一个。

这是一部指南。不要略略地只读一遍就抛开它，然后在实际应用时又重回老一套。要把它带在身边，经常参考。

当你真正运转起几个漏斗时，我强烈建议你花一两个星期，执行你在这里学到的某条秘诀，然后再转向其他秘诀。当所有的秘诀都被应用过之后，回过头来，重复一遍。你要不断进步。

许多人在本书还没印刷之时，就读过它，他们希望我私底下关注一下他们的创意，包括他们的初创公司，以及他们现有的业务和销售漏斗。我只为为数不多的几个朋友做了这些，而且帮他们识别出一些妨碍他们尽快获得想要的结果的因素。

我建议你在必要时简单地调整一下，以有效应用你刚刚学到的这些互联网秘诀。在这些公司中的任何一家，我们都能看到几乎发生在一夜之间的迅猛增长。那正是我如此重视你在本书中学到的那些东西的原因。它们全都是简单的概念，你无须耗费太大的力气就可以运用它们。但它们却可以在几乎一夜之间，使你的销量倍增。

一旦本书摆在了千百万读者的面前，我知道，我更难去满足那些希望得到个性化帮助的人了。因此，我为本书的读者留下了一份特殊礼物。我在“互联网秘诀激发计划”中开创了一个空间，以便及时跟进你们的漏斗。我的团队会花一小时给你们打电话，然后与你合作一整年，帮你实施需要的改革。

如果你有兴趣加入激发计划，那么，我个人邀请你填写申请表。你可以在这个网址上申请：http://Ignite.DotComSecrets.com。

在你申请之后，我的一名团队员工将给你打电话，向你解释“激发计划”，让你自己判断它是否适合你。如果适合，那么，我们将在一个星期内抽空见个面，真正地谈一谈。

就这样，我想就此搁笔。

非常感谢你看完本书，希望你能实现你梦想的各种成功。

致　谢

在这里，我要衷心感谢那些愿意和我分享创意的人。那些创意最终变成了本书背后的各种策略。我还要感谢我的团队，他们帮助我实践这些创意，筛选出那些可行的，并与世界分享。

尽管数百位营销人员都是我的学习对象，但给我提出具体创意的人远远不止这个数。根据那些创意，我创办了自己的公司，写了这本书。有可能的话，我愿意一一感谢他们。首先，我要在这里感谢那些不停鼓舞着我的出色的营销人员。排名不分先后：

马克·乔伊纳、丹·肯尼迪、比尔·格莱泽、达依干·史密斯、安东尼·罗宾、唐·雷普瑞、约翰·阿兰尼斯、安德烈·查佩龙、本·塞特尔（Ben Settle）、史蒂夫·格雷（Steve Gray）、瑞安·戴斯、佩里·贝尔彻、阿曼德·莫林、贾森·弗拉德里安（Jason Fladlien）、特德·托马斯（Ted Thomas）、迈克·弗艾米（Mike Filsaime）、戴维·弗雷、切特·霍姆斯（Chet Holmes）、杰夫·沃克、约翰·里斯（John Reese）、罗比·萨默斯（Robbie Summers），以及所有冒险成为线上企业家并在线上为广大客户提供价值的人们！

其次，我要感谢我的团队。他们让我有机会尝试所有疯狂的点子，他们与我同甘共苦、患难与共。还要感谢我们公司的数百位员工，虽然不能一一提到他们的名字，但我特别想感谢这些一直支持我、与我并肩战斗的伙伴们。

感谢布伦特·考彼尔特斯（Brent Coppieters）和约翰·帕克斯（John Parkes）帮我经营公司。感谢托德·迪克森（Todd Dickerson）和狄伦·琼斯（Dylan Jones）创造了ClickFunnels软件，让我们有机会简化管理销售漏斗的过程。感谢多雷尔·内基福尔（Dorel Nechifor）在我开始创业的时候，与我一同冒险，让我得以创办自己的公司。感谢朱莉·伊森（Julie Eason）勇敢地和我合作本书，是她花费的无数小时使得本书成功问世。

GRAND CHINA

中 资 海 派 图 书

[美] 瑞安 · 莱韦斯克　著

王正林　译

定价：59.80 元

《定位选择》

世界 500 强企业首席执行官独创市场选择方程式
帮你做出创业前最重要的决定

你应该创办什么类型的企业？推出什么类型的业务？

在决定创办企业或推出新业务时，以产品为导向、跟风热门趋势等大多数传统思维都是错误的，这也是许多新企业失败的最大原因。虽然有很多因素会影响企业的成功，但有一个核心问题可能从一开始就想错了：问“谁”而不是问“什么”。

创业之初，你会本能地问：“我应该卖什么？”或者“我应该制造什么产品？”但事实是，你应该问“谁”，比如，我应该为谁服务？这个“谁”是所有其他事物得以牢固建立的基础。如果你曾有过创业的梦想，想成为自己的老板，开创不凡的事业，但一直担心迈出这一步，会失去目前稳定的生活，那么这本书就是为你而写。

《定位选择》中可复制、可落地的市场选择流程，经过了数千名成功创业的普通人实践验证。它不仅会让你清楚地认识到应该创办什么类型的企业，还可以帮助你提高创业成功的概率，让你充满信心地开启创造财富之旅。

GRAND CHINA

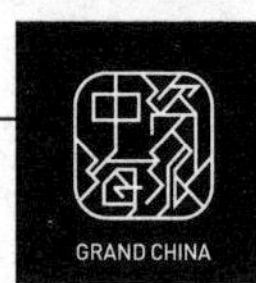

中　资　海　派　图　书

[澳]艾伦·迪布　著

曹烨　译

定价：59.80 元

《绝对成交一页纸营销计划》

九宫格思维教你持续开发客户
实现业绩倍增

为帮助众多企业轻松依靠营销实现利润飙升，作者借助九宫格分解营销秘诀。从锁定目标市场、捕获准客户，到打造独特信息、转化首次消费，再到输出额外价值流、培养终身粉丝，你只需填满九个空格，就能获取惊人的营销成效：

- **可追溯、可衡量** – 每条广告创造了多少收益，全部肉眼可见；帮你砍掉无效渠道，使花掉的每分钱都能制造利润。
- **高价出售也能卖翻天** – 根据客户需求为产品价值持续赋能，以至于商品无论定价多高都能成为市场首选。
- **利润的系统性转化** – 标准步骤跟进目标群体，规律接触未转化对象，让每个客户都忍不住主动掏钱、重复购买。

超级畅销书《定位》作者力荐

市场营销极为复杂，但本书解决了这一问题

GRAND CHINA PUBLISHING HOUSE

扫码购书

[美] 罗伯特·布莱　著

易文波　译

定价：45.00 元

《营销计划全流程执行手册》

从市场定位到执行落地，看这一本书就够了

- 广告教父奥格威倾力推荐！
- 《文案创作完全手册》升级扩展之作！
- 《福布斯》、IBM、朗讯科技都在使用他的方法！
- 传奇营销顾问和文案写手 35 年营销精华集结，从无到有，12 步制定完美营销计划。
- “短、平、快”的一站式解决方案，即学即用，帮你实现从营销到盈利的飞跃。